Aus Freude am Lesen

btb

Buch

Tante Hatice kann aus dem Kaffeesatz lesen. Sie ist der Drachen der Familie und häufig Thema in Dilek Güngörs so hellsichtigen wie zauberhaften Geschichten. Dann gibt es da noch die Mutter, die so viele Haushaltswaren von Schwäbisch Gmünd nach Berlin schickt, dass die Tochter dort ein »schwäbisches Topfmuseum« eröffnen könnte. Und der Vater nennt aus Bequemlichkeit einfach jeden neuen Freund der Töchter Osman. Schon bald hat man als Leser das Gefühl, die Familie ganz genau zu kennen, bei den köstlichen Abendessen mit eingelegten Weinblättern, Kichererbsen und frisch gebackenem Brot dabei gewesen zu sein. Das Fremde ist oft gar nicht so fremd…

Autorin

Dilek Güngör wurde 1972 in Schwäbisch Gmünd geboren. Sie absolvierte ein Übersetzerstudium für Englisch und Spanisch an der Johannes Gutenberg-Universität Mainz und arbeitete von 1998 bis 2003 als Journalistin bei der »Berliner Zeitung«. 2004 schloss sie ein Masterstudium »Race and Ethnic Studies« an der University of Warwick, England ab. Ihre Kolumnen erscheinen weiterhin in der »Berliner Zeitung«.

Dilek Güngör

Unter uns

Meine türkische
Familie und ich

btb

FSC

Mixed Sources

Product group from well-managed
forests and other controlled sources

Cert no. GFA-COC-1223
www.fsc.org
© 1996 Forest Stewardship Council

Verlagsgruppe Random House FSC-DEU-0100
Das für dieses Buch verwendete FSC-zertifizierte Papier *Munken Print*
liefert Arctic Paper Munkedals AB, Schweden.

1. Auflage
Genehmigte Taschenbuchausgabe Oktober 2006,
btb Verlag in der Verlagsgruppe Random House GmbH, München
Copyright © der Originalausgabe 2004 edition ebersbach,
Lizenzausgabe mit freundlicher Genehmigung
Umschlaggestaltung: Design Team München
Umschlagfoto: Sarah Colley
Satz: Uhl + Massopust, Aalen
Druck und Einband: Clausen & Bosse. Leck
SR · Herstellung: AW
Printed in Germany
ISBN-10: 3-442-73435-5
ISBN-13: 978-3-442-73435-1

www.btb-verlag.de

Inhalt

Oder was so   7

Fisch am Stiel   8

Bittere Liebe 10

Stille Post 12

Die Wahrsagerin 14

Der fliegende Junge 17

Stille Wasser 18

Ordungskräfte 20

Das Gastmahl 22

Das Versteck 24

Höflichkeit und Respekt 27

Der Maler 28

Alles Unglück 30

Atemlos 32

Die Nachtarbeiterin 34

Vatersprache 37

Der deutsche Bär 38

Was Mädchen tun 40

Die Maske 42

Alle Jahre wieder 44

Der frische Tisch 46

Küsse im Fernsehen 48

Im Jahr der toten Hühner 51

Das goldene Blech 52

Zeitfragen 54

Kleine Geheimnisse 56

Der böse Blick 58

Im nächsten Jahr 60

Lichtersuche 63

Kleine Gefälligkeiten 64

Das nackte Gesicht 66

Der Neue 68

Gute Beifahrer 70

Das Fest 72

Willkommen in der Türkei 75

Kein Spaß 76

Der schönen Frau 78

Süße Träume 80

Altes Denken 82

Topfmuseum 85

Wetten, dass . . . ? 86

Osman kommt 88

Grüße vom Vater 90

Der Besuch 92

Oder was so

Mein Vater lebt seit 31 Jahren in Deutschland. Ihm ist bis heute nicht aufgefallen, dass alle außer ihm »oder so was« sagen, wenn sie etwas beschreiben wollen und ihnen die Worte fehlen. Mein Vater sagt beharrlich »oder was so«. Er sagt, es sei ihm egal, wenn er es nicht richtig herum sage. Die Deutschen wüssten schon, was er meine. Sie verstehen ihn tatsächlich und halten ihn für einen vorbildlichen Vater, Ehemann und Nachbarn. Unsere Nachbarn glauben bis heute nicht, dass mein Vater einmal meiner Mutter mit einer Pistole in den Hintern geschossen hat. Gut, er hat nicht einmal eine Pistole, und die Geschichte stammt von meiner kleinen Schwester. Aber so etwas würden sie ihm nie zutrauen. Sie sehen ihn ja immer nur im Garten, wie er ihn gießt und rupft. Sie glauben, dass er Kapuzinerkresse und Trichterwinde hegt. Sie wissen nicht, dass er Pistazien, Weintrauben, Minze und scharfe Paprikaschoten pflanzt und den Blumengarten meiner Mutter nach und nach in ein südostanatolisches Feld oder was so verwandeln will. Sonst hätten sie die Geschichte mit der Pistole bestimmt geglaubt.

Fisch am Stiel

Ich mochte Tante Hatice. Niemand kochte grüne Bohnen mit Reis so gut wie sie. Tante Hatice ist Mutters ältere Schwester und wohnte immer bei uns, wenn ihr Mann zur Kur gefahren war. Onkel Ömer hatte es mit dem Kreuz und ließ sich jedes Jahr in Bad Orb behandeln. Dann schlief Tante Hatice auf der schmalen Klappcouch im Bügelzimmer. Eigentlich schlief sie dort nicht. Entweder war der Nachbar zu laut, der Mond zu hell, die Luft zu stickig, die Couch zu hart oder das Abendessen unverdaulich.

Wenn Tante Hatice nicht schlafen konnte, stand sie auf und sah fern. Nach einer Weile fand sie, sie könnte die ruhigen Stunden nutzen, um endlich den Staub von der Gardinenstange zu wischen. Oder das Geschirr in den Küchenschränken praktischer zu ordnen. Oder das verheddert Telefonkabel auseinander zu wickeln. Unser Ziel war es, genau das zu verhindern. Kurz bevor sich Onkel Ömer auf den Weg zur Kur und Tante Hatice zu uns machte, putzten wir die Fenster, ersetzten abgerissene Schnürsenkel, reparierten wacklige Stühle und tropfende Wasserhähne. Tante Hatice sollte nicht nachts durchs Haus gehen und glauben, sie müsse sich nützlich machen.

Als sie beim letzten Mal die Lampe über dem Esstisch so hängen wollte, dass man sich auch beim Essen in die Augen sehen konnte, gab es einen Kurzschluss. Als sie das vereiste Kühlfach im Kühlschrank abtaute, fiel ein Stück Fisch hinter die Spüle. Weil es als Eisklotz nicht herauszuholen war, mussten wir zwei Tage warten, bis es auftaute, eine Gabel an einen Besenstiel binden und den stinkenden Fisch aufspießen. Als Tante Hatice die Gardinenstange sauber wischte, fiel zwar kein Staub mehr herunter, wenn man Vorhänge zuzog, aber Tante Hatice musste sich den linken Fuß schienen lassen.

»Bring Tante Hatice doch eine kleine Decke«, sagte meine Mutter, als ihre Schwester ihren Koffer ausgepackt und die Beine hochgelegt hatte. Tante Hatice lebte in dem Wahn, man könnte ihr unter den knielangen Rock gucken, wenn sie ihre beige bestrumpften Beine hochlegte. Ich brachte ihr eine bunte Stoffdecke, die ich einmal in der Schule genäht hatte. Tante Hatice prüfte die Nähte und sagte: »Hier an den Ecken franst sie schon aus.« Meine Mutter warf mir einen bösen Blick zu. »Was macht Ömers Rücken, helfen denn die Bäder«, fragte sie. Es nützte nichts. Tante Hatice zupfte an den losen Fäden, zwirbelte sie zusammen und versuchte, sie mit den Zähnen durchzubeißen. Die Decke musste verschwinden. Tante Hatice würde keine Ruhe geben, ehe das zerfledderte Eck nicht geflickt wäre. Wenn wir sie nicht gut genug versteckten, würde sich Tante Hatice ihrer in einer schlaflosen Nacht annehmen und sich die Decke entweder an den Oberschenkel nähen oder sich mit der Schere den Daumen abschneiden.

Am Abend, als sich Tante Hatice die Haare wusch, drückte mir meine Mutter die Decke in die Hand. Ich sollte sie so lange unter meiner Matratze verstecken, bis Tante Hatice wieder bei ihrem rückenkranken Ömer war. »Mach du das doch«, sagte ich zu meiner Mutter. »Das geht nicht. Unter unserer Matratze liegen schon dein angefangener Schal, Papas Hose mit dem kaputten Reißverschluss und vier fleckige Tischdecken.«

Bittere Liebe

Ruf mich später noch mal an«, sagt meine Mutter. »Wir schauen gerade *Bittere Liebe*«, und legt den Hörer einfach auf. Meine Mutter und meine Schwester haben *Bittere Liebe* wahrscheinlich schon vierzigmal gesehen. Immer wenn ihnen nach Weinen zu Mute ist, legen sie sich eine ihrer türkischen Videokassetten ein. *Bittere Liebe* ist der Favorit unter ihren Lieblingsfilmen. Die beiden anderen Lieblingsfilme heißen *Trockne meine Tränen* und *Gebrochene Herzen*. Die Frauen in den Filmen haben blond gefärbtes, hoch getürmtes Haar. Die Augendeckel schminken sie sich gern türkis.

Bittere Liebe war der erste Videofilm, den wir alle gemeinsam mit unserem neuen Rekorder gesehen haben. Meine Schwester war damals gerade in die erste Klasse gekommen. Die Filme sind steinalt.

In *Bittere Liebe* verliebt sich ein armer junger Mann in eine reiche junge Frau. Er trägt den ganzen Film über schmutzige Hemden und Seitenscheitel. Bei einem Autounfall sterben die Eltern des reichen Mädchens, und der junge Mann rettet ihr das Leben. Er hat mit dem Unfall zwar nichts zu tun, ist aber zur rechten Zeit am rechten Ort. Als das Mädchen im Krankenhaus die Augen aufschlägt, verliebt sie sich in ihren Retter. Trotz Seitenscheitel. Sie küssen sich dann viele Male in dem Film. Aber das haben meine Schwester und ich erst später herausgefunden. Meine Mutter spulte an verfänglichen Stellen stets vor.

Jetzt kommt der bittere Teil: Als die beiden heiraten wollen, erfahren sie, dass sie Halbgeschwister sind. Ihre Mutter hatte den Jungen weggegeben, weil sie als junges Mädchen ungewollt schwanger geworden war. Voller Gram stürzt sich die Heldin des Films aus dem Fenster.

Es gibt bessere türkische Filme als diesen. Man kann sie im Kino sehen, man kann sich DVDs kaufen oder die Filme über Satellit empfangen. Davon hält meine Mutter nicht viel. Sie will *Bittere Liebe* sehen, manchmal auch *Die Leiden einer Mutter*.

Am Abend versuche ich noch mal, sie ans Telefon zu bekommen. Selbst wenn sie sich alle drei Lieblingsfilme hintereinander angeschaut haben sollte, müsste sie jetzt fertig sein. »Ach, war das herrlich«, sagt meine Mutter. »Deine Schwester und ich haben jeder ein ganzes Päckchen Taschentücher voll geweint.« Traditionell weinen die beiden bei der Szene am heftigsten, in der das reiche Mädchen von ihrer Großmutter erfährt, wer ihr Geliebter ist, und einen Weinkrampf bekommt. Meine Mutter und meine Schwester wischen sich schon die ersten Tränen aus den Augen, wenn das Mädchen das Haus der Großmutter betritt. Sie müssten sich den Film gar nicht mehr bis zum Ende ansehen.

Meine Mutter sagt, sie habe neulich meinen Cousin gebeten, die richtig guten Szenen aus ihren Lieblingsfilmen zusammenzuschneiden. Für mich. Eine Kassette sei schon unterwegs.

Meine Lieblingsszene in *Gebrochene Herzen* ist übrigens die, in der der Ehemann in seinem Cabrio an der Eisdiele vorbeifährt, in der seine Frau gerade einen anderen umarmt. Aus dem Handschuhfach holt er eine Pistole und erschießt den Rivalen. Noch bevor ihm seine Frau erklären kann, dass der Mann ihr Bruder war, der fünfzehn Jahre im Gefängnis gesessen hat.

Stille Post

Tante Hatice und Onkel Ömer waren wieder da. Nach sieben Wochen Türkei war ihre Ausbeute entsprechend: Pistazien, geröstete und frische, die Schalen noch feucht. Linsen, Kichererbsen, schwarze, knittrige Oliven, Granatapfelsirup, eine Muschelkette für meine Schwester und mich, ein selbst gehäkelter Waschlappen für meine Mutter und ein paar bestickte Hausschuhe für meinen Vater.

Man kommt nicht mit leeren Händen von solch einer Reise zurück, und gerade die, die hier geblieben sind, müssen für einen Sommer in Deutschland entschädigt werden. Wir saßen bei Hatice und Ömer auf dem Boden zwischen aufgeschlagenen Koffern, knackten Pistazien zwischen den Backenzähnen und hofften, dass die beiden noch mehr für uns hervorholen würden. Schlimmer als im letzten Jahr würde es kaum kommen. Es hatte für jeden nur ein Kopfkissen mit der stinkenden Wolle von Großvaters Schafen gegeben. Und einen Brief, in dem sich Großvater erst beschwerte, dass das von meinem Vater geschickte Geld für die Reparatur der Wasserpumpe nicht reiche. Außerdem beschimpfte er in dem Brief meine Mutter und fragte, wie viele Jahre sie meinen Vater noch von seiner Familie in der Türkei fern halten wolle. Sie allein sei schuld daran, dass er vor mehr als dreißig Jahren nach Deutschland gegangen sei und noch immer nicht genug Geld zusammenhätte, um wieder zurückzukommen. Ich sollte mich schleunigst um einen Ehemann kümmern, bevor ich zu alt würde, und meine Schwester warnte er, ihr würden einsame Jahre in der Fremde bevorstehen, wenn sie so geizig werde wie ihr Vater, so unersättlich wie ihre Mutter und so eingebildet wie ihre Schwester. Aus Angst, dass es schon zu spät sein könnte, hatte meine Schwester damals so viele frische Pistazien gegessen, dass sie sich den Magen verdarb und monatelang keine einzige Nuss mehr sehen konnte.

Auch diesmal gab es einen Brief. Onkel Ömer zog ihn aus der Tasche. »Den hat mir dein Vater mitgegeben«, sagte er und reichte den Brief meinem Vater. Der räusperte sich, meine Mutter sagte, sie müsse sich schnell die Hände waschen, und stand auf, meine Schwester nahm ihr Handy aus der Tasche und starrte konzentriert auf das Display. Ich ging in die Küche und leerte die Teller mit den Pistazienschalen.

»Ich glaube, es ist Geld drin«, sagte Ömer. »Geld? Für uns?« Meine Mutter nahm den Umschlag in die Hand, hielt ihn gegen das Licht, schüttelte den Umschlag, befühlte das Papier. »Ach, das sind doch nur Fotos«, sagte sie. »Gib mal her«, sagte mein Vater. »So fühlen sich doch keine Fotos an.« Er versuchte herauszufinden, was in dem Umschlag ist. »Vielleicht sind es Flugtickets für uns«, sagte meine Schwester. »Oder ein notarielles Schreiben, dass er uns die Pistazienhaine überlässt. Vielleicht hat er Vater enterbt. Oder es sind Nacktfotos, mit denen er Mama erpressen will.« Onkel Ömer schlug vor, den Brief einfach aufzureißen. »Nein, nein, nein«, sagten meine Eltern. »Das machen wir zu Hause. In aller Ruhe und mit dem nötigen Respekt.« Später, im Auto, als wir an einem abgeblühten Sonnenblumenfeld vorbeikamen, ließ mein Vater bei 98 Kilometern in der Stunde das Seitenfenster herunter und warf den Umschlag hinaus.

Die Wahrsagerin

Tante Hatice ist die Einzige in unserer Familie, die aus dem Satz einer Kaffeetasse lesen kann. Eines Nachmittags, die türkisch synchronisierte Telenovela aus Brasilien war gerade zu Ende, sagte sie: »Ach, jetzt einen schönen Mokka.« Man musste das gar nicht als Aufforderung verstehen, sie erfüllte sich ihren Wunsch selbst. Sie legte ihr Strickzeug weg, ging in die Küche und löffelte Mokkapulver aus der Dose, die sie von zu Hause mitgebracht hatte.

Ohne Tante Hatice gibt es bei uns zu Hause keinen türkischen Kaffee. Jahrelang war Nescafé für meine Eltern der Fortschritt, dann kauften sie sich eine Kaffeemaschine.

Auf einem Tablett trug Tante Hatice fünf Tässchen mit schaumigem Kaffee herein. »Liest du nachher aus meiner Tasse?«, fragte meine Schwester. »Schätzchen, das kann man doch nicht am Tag machen«, sagte Tante Hatice. »Aber ich stehe vor wichtigen Entscheidungen in meinem Leben«, log meine Schwester. »Geht es da um einen jungen Mann?«, fragte Tante Hatice. Sie war jetzt neugierig geworden, bereit, einen Blick in den braunen Brei am Grund der Tasse zu werfen. Vielleicht könnte sie so erfahren, welche Ferkeleien ihre Nichte mit deutschen Jungen trieb.

Als der Kaffee abgekühlt war, leerte meine Schwester ihre Tasse mit zwei Schlucken. Dann bedeckte sie die Tasse mit der Untertasse, drehte das Geschirr um und ließ es so lange stehen, bis der Tassenboden abgekühlt war. Tante Hatice setzte derweil ihre Brille auf und versuchte mit Atemübungen ihre Mitte zu finden. Sie fand ihre Mitte erst nach einiger Zeit, meine Schwester machte sich bereits Sorgen um ihr Schicksal.

»So, nun wünsch dir mal was«, sagte Tante Hatice. Meine Schwester schloss die Augen und wünschte sich was. Tante Hatice nahm die Tasse in die Hand und rückte ihre Brille zurecht. »Mein Mädchen, ach mein Mädchen«, sagte sie und seufzte. »Ich habe dir doch gesagt, dass die Lage ernst ist«, sagte meine Schwester. Tante Hatice nahm die Tasse in die andere Hand, drehte sie, so dass mehr Licht hineinfiel und sagte: »Ich sehe hier einen langen, gewundenen Weg, er ist beschwerlich. Aber schau, hier am Ende des Weges steht ein junger Mann. Er wartet auf dich. Er trägt eine Brille, nicht wahr?«

Meine Schwester lächelte und schwieg. Was ging es Tante Hatice an, ob er eine Brille trägt oder nicht. Schließlich müsste sie das doch im Kaffeesatz lesen können. »Der junge Mann sieht aus wie der, der dich neulich mit dem Auto abgeholt hat. Er hat genau dieselbe speckige Jacke an. Hannes, oder wie hieß er noch?«

Meine Schwester tat so, als wisse sie nicht, wen die Tante meinte. »Hat er schon versucht, dich in seinem Auto anzufassen? Wahrscheinlich hast du dich sogar von ihm küssen lassen.« Meine Schwester wollte lieber über den gewundenen Weg in der Tasse sprechen. »Hast du nicht gesagt, er steht am Ende des Weges und wartet auf mich?« Tante Hatice schaute noch einmal angestrengt in die Tasse. »Ein Mädchen, das dir ähnlich sieht oder wenigstens dich symbolisieren könnte, sehe ich nicht. Aber sieh mal hier, hier, das bin ich, in der Hand trage ich einen Teppichklopfer. Und wenn es dieser Hannes noch einmal wagt, dich anzurühren, werde ich ihm damit eins überziehen.«

Der fliegende Junge

Zwei Mädchen nur?«, fragen die Leute, wenn mein Vater nach seinen Kindern gefragt wird. »Habt ihr keinen Sohn? Ihr braucht doch einen Jungen.« Es ist schon klar, wer die Leute sind, die nach einem Jungen fragen. Die schwäbischen Nachbarn sind es nicht. Mein Vater sagt, er brauche keinen Jungen. Jungs sind Rabauken, sagt er. Ungestüm, ruppig und klettern außerdem unentwegt auf ihren Vätern herum. Um uns Mädchen zeitig für das harte Leben zu wappnen, mussten wir immer donnerstags zum Judo. Wir sollten nicht mit Puppen spielen und keinen Mini-Staubsauger durch die Wohnung ziehen. Auch der Wunsch nach einem Barbie-Pferd wurde uns nie erfüllt. Stattdessen bekamen wir die Playmobil-Tankstelle. In unserer Spielzeugkiste lagen Blechautos, Bauklötze und eine Carrera-Bahn mit zwei Loopings. Sonntags lagen wir auf dem Sofa, und Vater las uns Peter Pan auf Türkisch vor. Darin hieß Peter Pan aber nicht Peter Pan, sondern »Der fliegende Junge«. Und auch wenn Vater schimpfte, nichts gefiel ihm besser, als wenn ich auf seinen Knien und meine Schwester auf seinen Schultern turnte.

Stille Wasser

Hast du es mit dem Magen«, fragt meine Großmutter. »Hat dir der Arzt dieses Wasser verschrieben?«

»Ich habe es nicht mit dem Magen. Meinem Magen geht es gut. Ich trinke Mineralwasser aus der Flasche, weil es gut schmeckt.«

Meine Großmutter ist misstrauisch. Sie fragt mich, warum ich Wasser in Flaschen kaufe, ob man das deutsche Leitungswasser nicht trinken könne, ob vielleicht Mikroben in unserem Wasser seien. »Nicht einmal das Wasser kann man hier einfach so trinken«, sagt sie. Dabei habe ich ihr gerade erklärt, dass sie ruhig das Wasser aus der Leitung nehmen kann. Und dass mir Wasser mit Kohlensäure einfach besser schmeckt.

Doch die Kohlensäure ist ihr nicht geheuer. »Warum ist da diese Kohlensäure drin? Schmeckt euer Wasser so schlecht, dass man Kohlensäure hineinmischen muss?« Sie mag keine Kohlensäure, und sie sagt, die Säure mache das Wasser scharf. Aus der Leitung will sie auch nichts. Sie trinkt nichts, was ich nicht auch trinke.

Meine Großmutter ist zu Besuch in Deutschland, sie wird ein paar Wochen bleiben, ein bisschen bei mir, ein bisschen bei meinen Eltern. Ich hoffe, dass sie bald zu meinen Eltern fährt. »Die wohnen auf dem Land«, sage ich. »Die haben ein Haus mit Garten. Da gefällt es dir bestimmt besser als hier in der Großstadt.« Sie sagt, sie komme gerade vom Land. Sie will Berlin sehen. Den Potsdamer Platz, die Seen, die Parks und den Zoo.

Ich hatte stilles Wasser für sie gekauft. Das trinkt sie nicht, weil sie kein abgestandenes Wasser will. »Haltbar bis 2004«, steht auf dem Etikett. »Bei uns schüttet man das Wasser weg, wenn es zwei Tage herumsteht«, sagt meine Großmutter. Jetzt kochen wir morgens einen großen Topf Leitungswasser ab, um die Mikroben abzutöten. Nach zwei Stunden kühlt es ab, so dass meine Großmutter ein wenig davon trinken kann.

Wenn wir aus dem Haus gehen, füllt sie sich etwas in eine kleine Plastikflasche ab. Einmal wurden wir von einer Kellnerin beschimpft, weil meine Großmutter ihr Privatwasser aus der Handtasche holte. Seither bestellen wir in Cafés nur noch heiße Getränke oder Milch für sie. Aber erst nachdem der Wirt versichert hat, dass das Wasser für ihren Tee drei Minuten lang sprudelnd gekocht würde.

Während sie den Teebeutel um ihren Löffel wickelte und ihn eng mit dem Faden umschnürte, damit auch das letzte bisschen Tee aus ihm herausquoll, erzählte sie mir von der Quelle in dem Dorf, in dem sie geboren wurde. Dass sie dort jeden Tag Wasser holten und in Eimern nach Hause trugen. Dass das Wasser klar war, ohne Mikroben oder Kohlensäure, dass es süß war und gut roch.

»Nach Leben roch«, sagt meine Großmutter. »Unser Wasser war nicht so tot wie euer Wasser aus der Stadt.« Sie trank es damals in großen Schlucken, und nie musste sie sich Sorgen machen.

Ich bin leider dahinter gekommen. Die Quelle in dem Dorf ist früh versiegt. Ein Tankwagen aus der Stadt brachte jeden Tag das Trinkwasser, bis die ersten Leitungen gelegt wurden. Seither trinkt meine Großmutter nur abgekochtes Wasser. Meine Mutter hat mir das am Telefon erzählt.

Ordnungskräfte

Jahrzehntelang hat das Chaos in den Schuhschachteln, Plastiktüten und Keksdosen niemanden gestört. Alte Fotos, Rechnungen, Bonusheftchen und ausgerissene Kochrezepte lagen durcheinander. Meine Mutter war immer der Ansicht, dass zu viel Ordnung Unglück bringe, außerdem habe sie alle Rezepte, die sie brauche, im Kopf. Und mein Vater sagte, so lange alles so schön beieinander ist, sei er eigentlich zufrieden.

Plötzlich aber ist sein Bedürfnis nach Übersichtlichkeit, nach System gewachsen. Er hat Mappen, Hefter und Ordner gekauft. Einen Tacker, einen Locher, Register, Aufkleber und am Schluss auch noch Büroklammern. Mein Vater spielt Behörde.

Vielleicht hängt er bald einen Zettel mit Öffnungszeiten an unsere Wohnzimmertür. Abends sitzt er über den alten Briefen, faltet das vergilbte Papier auseinander, ganz vorsichtig, damit die gepressten Rosenblätter, die Mutters Schwestern immer schicken, nicht zerbröseln. Er legt die Fotos, die aus den Umschlägen fallen, dann auf kleine Stapel: Oma und Opa, Vaters Bruder als Soldat mit ganz kurz geschorenem Haar, Vaters Schwester als junge Frau mit glänzenden Perlonstrümpfen und einem kurzem Rock. Onkel Metin, Mamas Bruder, als Fünfjähriger. Und Tante Fatma im Brautkleid. Sie ist Mutters jüngste Schwester und meine Lieblingstante.

Die Briefe kommen in Plastikhüllen, datiert und nach Absender sortiert. Postkarten auch.

Tante Fatma hat am meisten an uns gedacht. In den vergangenen dreißig Jahren hat sie 22 Ramadan-Grußkarten geschickt, 27 Neujahrskarten, 25 Karten zum Opferfest, 36 Fotos von ihren Kindern und 14 Bittbriefe. Es ging um Geld für eine Stickmaschine, Geld für eine geklöppelte Tischdecke für zwölf Personen, Geld für einen Kinderwagen, Geld für ein neues Auto, zuletzt brauchte sie beim Kauf ihrer Tiefkühltruhe eine kleine finanzielle Unterstützung. Also schrieb sie wieder einen Brief an uns.

»Ich weiß schon gar nicht mehr, wie viel Geld wir deiner Schwester geschickt haben, seit wir in Deutschland sind«, sagt mein Vater vorwurfsvoll. Meine Mutter sagt nichts und tupft sich die Tränen trocken. »Hör mal, was sie hier schreibt«, redet mein Vater weiter. »Meine liebe Schwester, lieber Schwager, liebe Kinder. Wie geht es euch? Uns geht es gut. Zum Ramadan-Fest schicke ich euch meine innigsten Wünsche. Möge euer Glück so groß sein wie der Ozean und die schweren Stunden so rar wie der Schaum auf den Kronen der Wellen. Diese Zeilen schreibt euch voller Sehnsucht eure Fatma.« 22 Jahre hat uns Tante Fatma vom Ozean und vom Schaum auf den Kronen erzählt. Meiner Mutter würde es auch im 23. Jahr noch die Tränen in die Augen treiben.

Mein Vater schlägt vor, in einem seiner neuen Hefter nur noch die Bittbriefe von den Verwandten zu sammeln. »Dann hätte ich mal einen genauen Überblick, wem ich wann wie viel Geld geschickt habe. Und Fatma, die uns noch jedes Jahr mit ihrem Ozean-Blabla gelangweilt hat, kann ihre Schulden auch mal zurückzahlen.« Meine Mutter ist nach diesem Vorschlag erst recht in Tränen ausgebrochen. Sie hatte ja vorausgesagt, dass Vaters Ordnungswahn Unglück bringt.

Das Gastmahl

Angelika ist meine beste Freundin und gehört quasi zur Familie. Sie kennt Onkel Ömer und Tante Hatice und ist trotzdem meine Freundin. Es ist ein großer Freundschaftsbeweis. Onkel Ömer nennt sie »meine gelbe Rose«, weil sie langes blondes Haar hat, und begrüßt sie jedes Mal mit zwei feuchten Küssen auf die Wange. Tante Hatice nennt Angelika »das deutsche Mädchen« und kann sie nicht ausstehen. Sie sagt, das deutsche Mädchen mache Onkel Ömer schöne Augen. Angelikas Namen hat sie noch nie ausgesprochen. Am Sonntag haben meine Eltern Onkel Ömer und Tante Hatice zum Essen eingeladen. Meine Mutter sagt, ich solle auch Angelika Bescheid sagen. Ich rufe Angelika an und überbringe ihr sowohl die gute (Essen) als auch die schlechte Nachricht (Tante Hatice). Angelika isst zu gerne, als dass sie sich von meiner Tante abschrecken lassen würde. Es gibt Linsensuppe, grüne Bohnen, gefüllte Weinblätter, frittierte Auberginen, Fleischbällchen, Reis und Salat. Meine Mutter hat Brot gebacken, Joghurt angesetzt, und auf dem Balkon steht süßer Grießkuchen zum Auskühlen. Das Abendessen soll für sieben Erwachsene reichen, es ist genug für einundzwanzig da. Das Schlimmste, was meiner Mutter passieren könnte, ist, dass jemand vom Tisch aufsteht und nicht das Gefühl hat, jeden Moment platzen zu müssen.

Onkel Ömer setzt sich neben Angelika. Tante Hatice, die sonst immer auf einem Platz neben ihrem Mann besteht, sagt nichts und setzt sich so, dass sie einen kurzen Weg in die Küche hat. »Ihr habt gekocht. Jetzt kümmere ich mich um das Servieren«, sagt sie zu meinen Eltern. »Ach was«, sagt mein Vater. »Das war doch keine Anstrengung.« Tante Hatice schöpft jedem einen Teller Suppe. »Frag deine deutsche Freundin, ob sie Linsensuppe mag«, ruft sie. »Natürlich mag sie«, ruft Onkel Ömer. Mit verkniffenem Mund serviert Tante Hatice Angelikas Suppe. »Kann das deutsche Mädchen überhaupt so scharfe Suppen essen?«, fragt sie. »Mach dir mal keine Sorgen«, sagt Onkel Ömer.

»Worum geht es?«, flüstert Angelika. Sie ahnt, dass Tante Hatice ihr die Suppe am liebsten in den Schoß kippen würde. Angelika isst die Suppe, sie isst von den Weinblättern, sie nimmt sich noch einmal von den Auberginen, lässt sich Reis geben und auch Salat. Meine Mutter ist stolz auf meine Freundin, ich mache mir Sorgen um sie, und Tante Hatice murmelt: »Die muss ja einen Magen haben.« Meine Mutter stößt Tante Hatice mit dem Ellbogen an, mein Vater wirft ihr böse Blicke zu. Angelika bekommt rote Wangen. »Es ist unglaublich, wie viel es bei euch immer zu essen gibt.« Tante Hatice ringt sich ein Lächeln ab und hält Angelika den Brotkorb hin. »Ja, bei uns werden die Portionen nicht gezählt«, sagt sie. »Jeder soll so viel essen, wie er mag.«

Es ist nach Mitternacht, als Angelika gegangen ist. Meine Mutter sieht müde aus. »So eine Elendsarbeit. Ich rieche durch und durch nach frittierten Auberginen.« – »Nie wieder brate ich den ganzen Nachmittag Fleischbällchen«, sagt meine Schwester. Mein Vater räumt die Gläser in die Spülmaschine. »Ich frage mich, warum wir jedes Mal so einen Zauber veranstalten müssen, wenn Gäste kommen«, sagt er. »Für uns alleine würden wir nicht einmal einen Topf Weinblätter rollen.«

Das Versteck

Meine Schwester raucht. Erst paffte sie mit ihren Freundinnen nur hinter Büschen auf dem Schulhof und hinter dem Wartehäuschen an der Bushaltestelle. Inzwischen dürfen es auch andere sehen. Neulich waren wir abends etwas trinken, da hat sie sich nach einem Glas Rotwein eine Zigarette angezündet. Ich gehe allerdings davon aus, dass unsere Eltern nichts davon wissen.

Nicht dass sie es verbieten würden. Meine Mutter hat andere Methoden um durchzusetzen, was sie für richtig hält. Sie würde in nicht endenden Vorträgen über die Gefahr von Nikotin und Tabak sprechen, würde Zeitungsartikel ausschneiden und sie auf den Schreibtisch meiner Schwester legen. Sie würde im Fernsehprogramm mit Filzstift rote Kästen um Diskussionen mit Ärzten und Ratgebersendungen malen und das Programm zu den Zeitungsausschnitten legen. Sie würde Nikotinpflaster und Bücher mit Titeln wie *Nichtraucher in 50 Tagen* aus der Stadt mitbringen. Jeden Tag würde sie sagen, dass man ganz blass im Gesicht aussieht. Dass man gelbe Zähne bekommen hat und die Haare nicht mehr so schön glänzen wie früher. »Du weißt doch, wie sie ist«, sagte meine Schwester und presste den Rauch zwischen den Lippen hervor.

Meine Schwester sagt, sie verstecke die Zigarettenschachtel immer wieder an anderen Stellen, habe sich mit Absicht kein Feuerzeug gekauft und lutsche nach jeder Zigarette ein

Himbeerbonbon. Die Tüte versteckt sie auch. Ich bin mir nicht sicher, worüber sich unsere Mutter mehr aufregen würde, über die Zigaretten oder über die Bonbons. Bonbons sind für meine Mutter so schlimm wie Zigaretten. »Zucker ist Gift für eure Zähne«, sagt sie bei jedem Salbeibonbon, das wir aus dem Papier wickeln. Sicher sammelt sie irgendwo Artikel über Karies. Es nützt nichts, zu sagen, man putze sich die Zähne nach jedem Bonbon. Meine Mutter archiviert bestimmt auch Berichte über Zahnschäden, die man durch zu häufiges Putzen bekommt. Es ist eine nimmer endende Kette von gut gemeinten Ratschlägen – und Geheimnissen.

Vor kurzem ist mir beinahe eine Packung Zigaretten auf den Kopf gefallen, als ich eine Reisetasche vom Schrank zerrte. Meine Mutter war zum Glück nicht in der Nähe. Ich habe die Schachtel wieder zurückgelegt, ganz an den Rand zwar, aber so, dass man sie von unten nicht sehen kann. Ich muss meiner Schwester unbedingt sagen, dass ihr Zigarettendepot auf dem Schuhschrank kein besonders gutes ist. Sie sollte doch wissen, dass meine Mutter alles, was ihr im Wege steht, auf Schränken verstaut. Sie hätte das Versteck jeden Augenblick entdecken können. Niemand wäre ihrer Aufklärungskampagne entkommen, auch die Nichtraucher nicht.

Gestern, als ich die Reisetasche wieder aufräumen wollte, stand meine Mutter auf einem Hocker und schien etwas auf dem Schuhschrank zu suchen. Sie sah mich nicht kommen. »Irgendwo müssen sie doch sein«, murmelte sie vor sich hin. Sie tastete auf dem Schrank hin und her. Das Päckchen lag offenbar noch immer dort, wo ich es hingelegt hatte. Sie fand die Schachtel, schob sie sich in den Hosenbund, zog den Pullover darüber und stieg vom Hocker. Als sie sich zu mir umdrehte, tat ich so, als hätte ich nichts gesehen.

Höflichkeit und Respekt

Bei allem, was du tust, sei immer höflich und respektvoll.«
Der Zettel an der Pinnwand meiner Eltern ist vergilbt und
rollt sich an den Seiten schon ein. Keiner weiß, wer ihn dort
mit der roten Nadel in den Kork gestochen hat. Aber alle halten sich fest an das Gebot. »Mach doch mal frischen Kaffee,
deine Mutter würde sich freuen«, sagt mein Vater. Und ist
der Erste, der sich mit seiner Kaffeetasse in der Nähe der
Maschine postiert. »Du tätest deinem Vater einen großen Gefallen, wenn du die leeren Flaschen wegbringen würdest«,
sagt meine Mutter, legt sich auf das Sofa und schaltet den
Fernseher an. »Ach, und noch was. Es wäre sehr freundlich
von dir, wenn du den Wäschetrockner im Keller ausschalten
könntest. Dann muss der Papa nicht gehen.« So erweisen wir
uns Dienste und nehmen einander die Arbeit ab. Sind zuvor-
kommend und voller Fürsorge. Höflichkeit und Respekt, das
sind unsere Werte. »Sei doch so nett und räume schon mal die
Spülmaschine aus. Das nehmen wir der Mama heute mal ab«,
sage ich zu meiner Schwester und sinke noch ein Stückchen
tiefer in mein heißes Badewasser.

Der Maler

Im ganzen Haus riecht es nach Farbe. Onkel Ömer und Tante Hatice lassen ihre Küche streichen. Sie haben sich für einen hellen Cremeton entschieden, und allein das hat Wochen gedauert. Onkel Ömer war von Anfang an für Weiß, Tante Hatice wollte gerne Apricot, weil Weiß so empfindlich sei. Meine Mutter riet den beiden zu zartem Rot, und wäre das Tante Hatice nicht zu anrüchig gewesen, wäre die Küche längst gestrichen. Onkel Ömer und Tante Hatice hätten ihre Nachmittage nicht mehr im Baumarkt verbracht. Meine Mutter hätte nicht jedesmal, wenn Onkel Ömer neue Farbmuster vorzeigte, mit den beiden in der Küche stehen und beurteilen müssen, ob dieser Ton besser zu den Einbauschränken passt oder ob er sich mit der Farbe des Raffrollos beißt.

Nachdem klar war, welche Farbe es sein sollte, mussten sich Onkel Ömer und Tante Hatice nur noch für einen Maler entscheiden. Das Letzte, was Onkel Ömer und Tante Hatice tun würden, ist im Telefonbuch unter M wie Maler nachzuschlagen und sich Kostenvoranschläge anzuhören. »Bis du am Telefon Kostenvoranschlag gesagt hast, haben wir schon fünf Maler gefunden, die die Küche streichen«, sagt Onkel Ömer. Er braucht kein Telefonbuch. Was er wissen muss, erfährt er auf seine Weise. Meine Mutter nennt es die türkische Methode: »Dein Onkel kennt so viele Leute, da wird ein Maler darunter sein.« Onkel Ömer glaubt, wenn er sich nur lange genug bei Verwandten und Freunden umhört, würde sich jemand finden, der schon bei Bekannten zu einem guten Preis ein paar Wände gestrichen hat. Tante Hatice und Onkel Ömer haben großes Vertrauen in ihre Kontakte.

Seinen alten Wagen hat Onkel Ömer an den Sohn eines ehemaligen Arbeitskollegen verkauft. Seine Haare lässt er sich bei der Tochter seiner Nachbarn schneiden, und der Mann, der ihnen im Herbst Kohlen liefert, ist derselbe, der auch Onkel Ömers Brüder, seinen Hausarzt und den Zeitungshändler beliefert. Von dem hat er auch dessen Adresse bekommen. Dafür hat ihm Onkel Ömer im vergangenen Sommer günstige Regalbretter besorgt. »Eine Hand wäscht die andere«, sagt Onkel Ömer. Er sagt auch gerne: »Wir Türken müssen in der Fremde zusammenhalten.« Meine Eltern halten nicht viel von Onkel Ömers Kontakten. »Er wird Monate brauchen, bis er jemanden findet«, sagt mein Vater. »Wer weiß, ob der, der ihnen die Küche streicht, auch sauber und zuverlässig arbeitet«, sagt meine Mutter. »Nachher verlangt er mehr, als abgesprochen war«, sagt mein Vater. Meine Mutter bezweifelt, dass Onkel Ömer jemanden findet, der einen Pinsel halten, geschweige denn den richtigen Cremeton mischen kann.

Es hat einen Nachmittag gedauert, bis Onkel Ömer die Telefonnummer von Ahmet bekommen hat. Ahmet hat die Wohnung einer Frau aus Tante Hatices Turngruppe gestrichen. Er hat auch die Wohnung von Tante Hatices Kosmetikerin tapeziert. Ahmet hat die Küche in zwei Tagen in genau jenem Cremeton gestrichen, der so wunderbar mit den Küchenschränken harmoniert. Für exakt den Preis, der vereinbart war. Gestern Abend hörte ich, wie mein Vater zu meiner Mutter sagte: »Ich finde, dass unsere Küche auch mal einen neuen Anstrich gebrauchen könnte.«

Alles Unglück

Zieh das aus, so geht das nicht«, sagt meine Großmutter. Im Ärmel meines Wollpullovers ist ein kleines Loch entstanden. Mit drei Stichen könnte man die Maschen wieder zusammenziehen. Ich habe es eilig, Großmutter hat immer eine Nähnadel in ihrer Handtasche, und außerdem weiß sie, wie so was geht. Sie sagt aber, sie wolle den Pullover nicht an meinem Leib reparieren. Großmutter redet so. »Das bringt Unglück, zieh ihn schnell aus, dann näh ich dir das.«

Ich weiß nicht, welche Sorte von Unglück mir droht. Vielleicht droht mir viel schlimmeres Unglück, wenn ich den Pulli ausziehe, ihn Großmutter zum Flicken gebe, den Bus verpasse und zu spät zu meiner ersten Verabredung mit Max komme. Aber weil Großmutter streng werden kann, wenn man ihr nicht gehorcht, ziehe ich den Pullover aus, und Großmutter macht sich auf die Suche nach ihrer Nadel.

Großmutter sieht hinter vielem das Unglück. Zehennägel am Abend schneiden bringt Unglück, mittwochs baden auch. Beim Zähneputzen in den Spiegel schauen ist verboten, und niemand darf bei uns zu Hause hartes Brot wegwerfen.

Großmutter schläft niemals mit dem Rücken zur Tür und fängt am Abend keine neue Strickarbeit mehr an. Sie geht nicht ins Bett, ohne das Geschirr abgespült zu haben, sie schlägt beim Sitzen die Beine nicht übereinander und liest keine Zeitung vom Vortag. Briefe muss man sofort abschicken, statt sie tagelang in der Handtasche herumzutragen, sie schimpft, wenn man Gesichter auf beschlagene Autoscheiben malt und vor dem Frühstück die Schere benutzt. Beim Essen dreht Großmutter die Klinge des Messers weg von sich, sie salzt niemals nach und trinkt ihr Wasser erst nach dem Essen in kleinen Schlucken. »Willst du das Unglück über unsere Familie bringen«, schreit sie, wenn meine Schwester sich vor dem Essen Saft einschenkt. Sie schlägt uns auf den Kopf oder kneift uns, wenn wir ihr nicht helfen, das Unglück abzuwehren. Sie wirft auch mit Serviettenhaltern oder Brotkörbchen nach uns. Man tut besser, was sie sagt.

Meine Schwester hat über Nacht Fieber bekommen. Großmutter kocht Pfefferminztee, macht ihr kalte Wadenwickel und passt auf, dass sie sich im Schlaf nicht mit dem Rücken zur Tür dreht. Am zweiten Abend kommt der Arzt. Großmutter will, dass er seine Schuhe schon vor der Haustür auszieht, in einen Beutel steckt und vor der Türe liegen lässt. »Er trägt an seinen Sohlen das Unglück der anderen Kranken«, sagt sie. Meine Mutter lässt mich mit Großmutter und dem Arzt alleine in der Tür stehen und sagt, sie müsse nach meiner Schwester sehen. Mit Großmutters Unglücksgeschichten will sie nichts zu tun haben. Ich muss Großmutters Anordnung übersetzen und hoffe, dass der Arzt nicht viel fragt, sondern einfach gehorcht. Ich sage, dass bei uns jeder aus religiösen Gründen die Schuhe ausziehen müsse, das wird er schon verstehen. Großmutters Angst vor seinen Schuhsohlen erwähne ich nicht. Der Arzt wird rot und nimmt den Plastikbeutel, den ihm Großmutter reicht. Später, als ich ihn zurück zur Tür bringe, will er doch etwas wissen: »Sagen Sie, mir ist vorgestern was passiert. Ich bin in einen Hundehaufen getreten. Unglücklicherweise. Hat man das heute immer noch an meinen Schuhen gerochen?«

Atemlos

Tante Hatice braucht niemanden zum Telefonieren. Manchmal muss man ihr zwar eine Nummer aus dem Telefonbuch heraussuchen, weil sie sagt, sie verstehe nicht, wie die Nummern darin sortiert sind. Aber sie braucht definitiv niemanden, der am anderen Ende zu ihr spricht. Tante Hatice ist sich an der Strippe selbst genug.

Früher, als ich noch glaubte, dass Tante Hatice auch andere zu Wort kommen lässt, wenn sie einen Hörer in der Hand hat, setzte ich mich ganz dicht neben sie und versuchte mitzuhören, wenn sie telefonierte. Vor allem, wenn sie ihre Nichte Ilknur in der Türkei anrief, die ja auch meine Cousine ist. Ich glaubte lange, dass Tante Hatices Telefonhörer besonders gut isoliert sind. So fest ich mein Ohr an den Hörer drückte, nie konnte ich hören, was Ilknur sagte. Bis ich merkte, dass Tante Hatice keine Pausen machte, immerzu redete und sich ihre Fragen selbst beantwortete: »Sag mal Ilknur, weißt du, ob deine Mutter die 200 Euro bekommen hat, die ich ihr überwiese habe? Ach, was frag ich dich, wahrscheinlich hat sie deinen Bruder zur Bank geschickt, und der hat die Hälfte gleich einkassiert. Sag ihm, ich bin schon lange hinter sein Spielchen gekommen, und er soll mir bloß nicht unter die Augen treten, der Nichtsnutz. Kannst du nicht in Zukunft das Geld von der Bank holen? Ich werde das Geld ab jetzt einfach auf dein Konto überweisen. Das scheint mir das Beste zu sein. Von nun an schicke ich es dir, und du gibst es deiner Mutter.

Apropos, was macht denn ihr Blutdruck? Es würde mich nicht wundern, wenn sie das Messgerät ihren armen Tanten im Dorf geschenkt hätte. Dass sie sich auch nie einen Moment Gedanken um ihre eigene Gesundheit macht.« Ich habe mich immer gefragt, wann Tante Hatice beim Sprechen Luft holt. Vielleicht konnte sie ganz unauffällig ein- und ausatmen, ihren Atem an Worte wie »dachte« und »machte« heften, ohne albern zu klingen oder sich zu verschlucken.

Neulich bin ich auf dem Heimweg aus der Stadt bei Tante Hatice vorbeigefahren, um sie abzuholen. Erst wollte sie Onkel Ömer anrufen, um ihm zu sagen, dass sie mit zu uns gehen würde. Ich log und sagte, Onkel Ömer wisse schon Bescheid. Wenn sie jetzt zwei Stunden telefonieren würde, würde ich verhungern. Im Auto bekam ich ein schlechtes Gewissen und dachte, ich erzählte ihr eine lustige Geschichte von Arif, dem ältesten Sohn ihrer Freundin Elif. Arif blamiert mich auch bei jeder Gelegenheit und verbreitet die Lüge, ich sei geschwätzig. »Übrigens, weißt du, dass Arif mit einer Frau zusammengezogen ist, deren Rücken vom Nacken bis zum Po tätowiert ist? Hat er mir selbst erzählt.« Tante Hatice sagte nichts. »Ein Panther, der sich an einen Baumstamm schmiegt, und im Hintergrund sieht man exotische Pflanzen und Affen. Und auf ihre rechte Schulter hat sie sich einen kleinen Papagei eintätowieren lassen, der auf einem Ast sitzt und an einer Frucht pickt. Und stell dir vor, auf der anderen Schulter, muss ja dann wohl die linke sein, da hat sie sich Schlingpflanzen hinmachen lassen. Die sehen aber nicht so gut aus, weil sich da die Haut entzündet hat, und jetzt muss sie …« Da unterbrach mich Tante Hatice. »Dass man bei dir auch nie zu Wort kommt. Holst du überhaupt mal Luft beim Sprechen?«

Die Nachtarbeiterin

Allah ist mächtig«, sagt mein Vater und legt das Sandpapier aus der Hand. Zehn der Holzteile sind schon fertig geschmirgelt. Für die übrigen fünfundzwanzig Teile haben wir genau acht Tage Zeit. Mein Vater baut kleine Puppenwagen aus Holz, meine Mutter will sie auf dem Adventsbasar verkaufen.

Ich weiß nicht, inwiefern uns Allah beim Zusammenbauen helfen kann und ob er überhaupt Interesse daran hat, etwas für den Adventsbasar in der Evangelischen Gemeindehalle zu tun. Aber mein Vater vertraut darauf, dass Allah die Dinge schon richten wird, und sagt, er gehe schlafen. Meine Schwester und ich haben schon rote Druckstellen an den Fingern. Wir haben auch keine Lust mehr weiterzuarbeiten. »Ja, Allah ist mächtig«, sagt meine Schwester und lässt mich allein mit dem Papier und den ausgesägten Holzteilen. In der Woche wird keiner von uns beiden Zeit haben, sich in die Werkstatt zu setzen. Wir haben acht Tage Zeit für fünfundzwanzig Einzelteile, die glatt geschmirgelt, lackiert und dann zu Wiegen montiert werden müssen. Meine Mutter näht rot-weiß karierte Kissen und Deckchen für die Wiegen. Sie wird auch keine Zeit haben. Irgendjemand muss also weitermachen. Es sieht ganz so aus, als wäre ich der Irgendjemand.

Das letzte Mal, als sich mein Vater auf Allah verlassen hat, fuhren wir gerade auf der Autobahn, und die Tankleuchte brannte. Die nächste Tankstelle war 43 Kilometer entfernt, und meiner Mutter standen kleine Schweißperlen auf der

Stirn. Meine Schwester, meine Mutter und ich waren der Meinung, dass mein Vater mit dem Benzinkanister zur Tankstelle laufen müsste, falls der Sprit nicht reicht. »Schließlich warst du dran mit Tanken«, sagte meine Mutter. Zum Glück blieb uns die Demütigung erspart, mit leerem Tank auf der Standspur stehen zu bleiben. Meine Schwester sagte »Schwein gehabt«, mein Vater sagte »Pfui«. Aber er sprach nicht mehr von Allah an jenem Nachmittag.

Im Flur geht das Licht an. Meine Schwester steht im Schlafanzug in der Tür. »Du sitzt ja immer noch hier.« Sie zieht sich einen Hocker heran, nimmt sich ein Stück Puppenwiege und fängt an, mit dem Sandpapier die Ecken glatt zu schleifen. »Ich konnte nicht schlafen. Ich musste daran denken, wie du, Papa und ich letzten Sommer am Strand schlafen mussten.« Im Urlaub nahm mein Vater zur Sicherheit die Wertsachen an sich. Den Schlüssel zu unserer Pension steckte er in die eingenähte Tasche seiner Badeshorts. Er muss den Schlüssel beim Schwimmen verloren haben. Als wir spät in der Nacht vom Essen zurückkamen, war er jedenfalls weg. Keiner von uns hat sich getraut, die Hausherren zu wecken. Mein Vater hat dann vorgeschlagen, einfach vor der Pension zu warten. »Allah ist mächtig, vielleicht kommt Erkan ja heraus, um ein bisschen frische Luft zu schnappen.« Erkan, der Besitzer der Pension, kam nicht heraus. Und wir nicht hinein.

Am nächsten Morgen hat jeder von uns noch drei weitere Holzstücke glatt geschliffen und mit Klarlack bestrichen. Wir haben drei Puppenwiegen zusammengeschraubt. Jetzt sind nur noch neun Einzelteile übrig. Das ist zu schaffen bis nächste Woche. Mein Vater ist zufrieden. »Hab' ich euch nicht gesagt, Allah ist mächtig?«

Vatersprache

Er sagt, tritt dir nicht auf den Saum, und meint, dein Rock ist zu kurz. Er sagt, verkühle dir nicht den Hals, und meint, der Ausschnitt ist zu tief. Er sagt, kümmere dich um deinen Job, und meint, küsse dich nicht mit Stefan. Vaterworte bedeuten nicht das, was sie gewöhnlich bedeuten. Saum ist nicht Saum, Hals nicht Hals und Arbeit nicht Arbeit. (Als ob Küssen keine Arbeit wäre.) Es gibt kein Buch, in dem man Vaterworte nachschlagen könnte. Das, was er unter erkälten versteht, steht nicht im Fremdwörterbuch und nicht in dem für Synonyme, nicht im etymologischen und nicht in jenem für Symbole. Vatersprache muss man selbst entschlüsseln. Ich glaube, es ist mir gelungen. Wir sprechen nun nicht nur zueinander, sondern miteinander, in seiner Sprache – auf Vaterisch: Ich frage, was hast du heute Abend vor, und er antwortet: Kein Problem, du kannst das Auto haben. Ich sage, es ist ein bisschen kalt hier drin, und er holt Holzscheite aus dem Keller für den Kamin. Wir schauen zusammen fern, und ich frage, interessiert dich der Film – auch, will ich sagen. Doch da hat er schon umgeschaltet.

Der deutsche Bär

Der Bär ist so groß, dass er nicht in Selmas Stiefel gepasst hat. Wir haben ihn neben ihre Schuhe gesetzt, dazu gab es ein paar Nüsse und Schokotaler. Selma ist sechs, sie weiß, dass die Geschenke nicht vom Nikolaus sind, sondern von ihrer Mutter Aysel, von meinen Eltern, von Tante Hatice und Onkel Ömer. Aysel ist meine Cousine, vor zwei Jahren hat sie sich von ihrem Mann scheiden lassen. Seit der Scheidung denken alle in der Familie, dass Selma uns besonders braucht. Tante Hatice sagt, Selma dürfe es an nichts fehlen. »Das arme Kind soll nicht unter der Dummheit seiner Eltern leiden.«

Onkel Ömer ist ganz vernarrt in Selma. Als sie noch kleiner war, hat er sich für sie als Weihnachtsmann verkleidet. Tante Hatice hat ihm den dunklen Bart mit weißer Faschingsfarbe besprüht. Im Treppenhaus ist er dann Frau Wagner begegnet, die zu ihm sagte: »Sie als Türke wissen das ja vielleicht nicht, aber bei uns in Deutschland kommt der Weihnachtsmann am 24. Dezember und nicht am Nikolaustag.« Onkel Ömer hat dann zu Frau Wagner gesagt, sie solle ihm nicht mit ihrem Halbwissen über den Nikolaus kommen. Der Bischof von Myra sei einer seiner Vorfahren. Seither redet Frau Wagner kein Wort mehr mit Onkel Ömer und geht stumm an ihm vorbei, wenn sie sich im Treppenhaus begegnen. Seither kommt Onkel Ömer am Nikolaustag ohne eine Verkleidung.

Der weiße Bär, den Onkel Ömer für Selma ausgesucht hat, ist also groß. Er hat eine runde Schnauze, engstehende Knopf-

augen und winzige Ohren. Vorne am Bauch hat er einen Reißverschluss. Man kann ihn öffnen, und dann kommt eine kleine
Wärmflasche aus Gummi zum Vorschein. Onkel Ömer sagt,
nur Deutsche können sich solche ausgetüftelten Dinge aus-
denken. Das hat er auch gesagt, als ihm Aysel ihr neues Rad
gezeigt hat, das man zusammenfalten und in einer Tasche
transportieren kann. »Schau, das ist deutsche Qualität.« Tante
Hatice hat gar nicht kapiert, was so toll an einem Rad sein soll,
das man in einer Tasche mit sich herumtragen muss.

Selma ist begeistert von ihrem Nikolausgeschenk. Ihre Mut-
ter hat warmes Wasser in den Bauch des Bären gefüllt, und
Selma trägt ihn schon den ganzen Morgen spazieren. Onkel
Ömer ist glücklich. Obwohl es ja gar nicht sein Geschenk ist,
es ist von uns allen und offiziell vom Nikolaus. Aber Onkel
Ömer ist das egal. Wenn Selma horcht, wie es im Bauch des
Bären gluckert, und sie die langen Bärenarme um ihren Hals
schlingt, bekommt er feuchte Augen vor Rührung. »Wie soll
er denn heißen?«, fragt Onkel Ömer. »Tarik«, sagt Selma.
Onkel Ömer zieht die Augenbrauen zusammen. »Wie kommst
du denn darauf? Du kannst deinen deutschen Bären doch
nicht Tarik nennen«, sagt er und überlegt, ob ihm nicht rasch
ein solider Qualitätsname einfällt. Noch bevor er einen Vorschlag machen kann, sagt Selmas Mutter: »Lass sie doch. Es
ist ihr Bär. Außerdem ist Tarik doch ein schöner Name.«

Onkel Ömer findet, Tarik passe auf keinen Fall zu so einem
hübschen Kuschelbär. Er sagt, Tarik komme überhaupt nicht
in Frage. Unter allen Namen sei Tarik wohl der dümmste
Name, den man sich denken könne. Tarik wäre höchstens was
für alte Männer mit Bart. »So wie du?«, fragt Selma.

Was Mädchen tun

Renne nicht«, sagt mein Vater, wenn ich die Treppen im Haus hinunterrenne. »Mädchen gehen gesittet treppauf und treppab.« Er sagt: »Trink nicht soviel schwarzen Tee«, und er sagt: »Lach nicht so laut.« Er sagt, Mädchen lägen nicht zwei Stunden in der Badewanne, und er sagt auch, Mädchen bräuchten nicht jeden Abend das Auto ihres Vaters. Ich weiß nicht, wer all die Mädchen-tun-dies- und Mädchen-tun-jenes-nicht-Regeln aufgestellt hat. Aber es scheint unendlich viele und immerzu neue davon zu geben. Erst vor kurzem sagte er, Mädchen werfen einseitig bedrucktes Papier nicht weg, sondern vierteln und verwenden es als Notizzettel.

Mein Vater redet stets von Mädchen, aber die Regeln gelten für Frauen jeden Alters. Sie gelten für mich, meine Schwester, meine Mutter, Tante Hatice und, wenn ihm danach ist, auch für seine eigene Mutter. Wenn mein Vater zu Tante Hatice sagt, Mädchen äßen nicht eine Schale gesalzener Mandeln ganz alleine auf, schaut sie verlegen und rückt die Schale schnell in seine Richtung. Onkel Ömer hat seine Frau wahrscheinlich seit ihrer Verlobung nicht mehr Mädchen genannt. Jedes Mal, wenn Tante Hatice die Hand nach ein paar Mandeln ausstreckt, kichert sie und bekommt rote Flecken am Hals. Mein Vater schaut derweil fern, greift blind nach den Mandeln und bekommt von Tante Hatices Anstrengungen überhaupt nichts mit.

Die anderen Frauen im Haus ignorieren seine Vorschriften

und fahren abends mit seinem Auto in die Stadt, trinken reichlich schwarzen Tee und baden so lange, bis sich die Haut an ihren Fingerkuppen wellt. »Mach dir keine Hoffnung«, ruft ihm meine Schwester hinter der verschlossenen Badezimmertür zu. »Ich komme hier heute Nachmittag nicht mehr heraus.« Sie schließt sich mit Absicht so lange ein und gibt ihm beim Fernsehgucken keine Mandel ab. Sie hofft, dass er eines Tages die Lust an seinen merkwürdigen Regeln verliert, wenn sie diese entschieden genug missachtet. Unsere Mutter, Großmutter und mich muss sie von ihrem Plan nicht überzeugen. Keine von uns schreitet sittsam die Treppen hinunter, weil Vater nicht beim Radiohören gestört werden will.

Nur Tante Hatice hält sich schön am Geländer fest und versucht, mit ihren Absätzen keinen Lärm auf den Steinstufen zu machen. Es wird schwierig, sie zum Boykott zu überreden. Solange Vater Tante Hatice Mädchen nennt, wird sie ihm den Gehorsam nicht verweigern. Mädchen steht für Tante Hatice für Jugend, und Jugend steht für Schönheit. Und für jemanden, der all das mit ihr in Verbindung bringt, würde sie für alle Zeit auf gesalzene Mandeln verzichten und nie wieder zwei Stufen auf einmal nehmen.

Tante Hatice leiht sich Vaters Auto nicht. Sie lässt sich entweder von Onkel Ömer oder – wenn der keine Zeit hat – von meinem Vater fahren. Jeden Samstag fährt er mit ihr zum Einkaufen. Erst bringen sie die Getränkekästen weg, dann fahren sie auf den Markt und später zum Supermarkt. Mein Vater trägt Tante Hatices Einkäufe hinauf in ihre Wohnung, geht noch mal zum Auto und holt die Wasserkästen. Auf dem Weg hinunter drückt sie ihm den Müllsack in die Hand. »Du weißt doch, Mädchen können nicht so schwer tragen«, sagt sie und bekommt rote Flecken am Hals.

Die Maske

Meine Mutter hat von ihrer Freundin eine Packung Schlamm geschenkt bekommen. Der Schlamm kommt vom Toten Meer, ist braungrün und müffelt ein bisschen. Meine Mutter schmiert sich den Schlamm auf das Gesicht, auf den Hals und das Dekolleté. Die Haut um die Augen spart sie aus, und wenn man ihr so im Haus begegnen würde, könnte man sich fast erschrecken. Wenigstens läuft sie nicht umher, wenn sie so aussieht, sondern sitzt im Wohnzimmer, schließt die Augen und entspannt.

Nach zwanzig Minuten wird der Schlamm fest, und meine Mutter muss beim Sprechen aufpassen, dass ihr die Maske nicht vom Gesicht bröselt. »Der Schlamm ist voller Mineralien«, sagt meine Mutter zu meinem Vater und bewegt die Lippen so wenig wie möglich. »Mineralien täten deiner Haut auch gut.« Er hält sich immer auf Distanz, wenn sie ihren Schönheitsnachmittag hat. Er sagt, die Maske rieche nach totem Fisch.

Mein Vater würde sich nie im Leben braunen Schlamm aus dem Meer ins Gesicht schmieren. Ich bezweifle, dass er sich außer seinem Rasierwasser irgendetwas ins Gesicht schmiert. Mein Vater hat das kleinste Fach im Badezimmerschrank. Darin steht eine Zahnbürste, eine Nagelschere, ein Rasierapparat, ein Nassrasierer und ein Fläschchen Tabac. Früher, als er noch mehr Haare hatte, lag dort noch ein schmaler Kamm. Jetzt schert ihm meine Mutter alle sechs Wochen die übrigen Haare so kurz, dass man sie nicht einmal mehr mit den Fingern in Form zu drücken braucht. Sie ist ohnehin seit Jahren für seine Kosmetik zuständig. Sie rasiert ihm den Nacken, sie schrubbt ihm in der Badewanne den Rücken und zupft ihm hin und wieder ein Haar aus den Ohren. Sie schneidet ihm die Nägel an der rechten Hand, weil er mit links keine Nagelschere halten kann. Sie pflegt ihn so erfahren, dass er oft gar nichts davon merkt.

Immer wenn sie sich die Hände eincremt und zu viel Handcreme an den Fingern hat, reibt sie ihre Hände mit der überschüssigen Creme in seine. Ich glaube, sie drückt sich mit Absicht zu viel Creme aus der Tube. Morgens, wenn sie sich ihre französische Gesichtscreme einmassiert, nimmt sie mehr aus dem Töpfchen, als sie braucht. Dann tut sie so, als wolle sie ihn umarmen und ihr Gesicht zärtlich an seines schmiegen, und gibt ihm so, von Wange zu Wange, von ihrer Creme ab. Jetzt denkt sie, dass er auch Lust auf Schlamm hat. »Nein, das ist nichts für mich«, sagt mein Vater. »Du hast die Mineralien sicher nötiger als ich. Ich bin auch so schön genug.« Meine Mutter wird sich mit der Antwort zufrieden geben müssen. Die Wahrscheinlichkeit, dass sie ihm unbemerkt eine Maske auftragen kann, ist nicht sehr groß. Er würde sofort das Weite suchen, wenn sie mit Schlammgesicht und hohlen Augen auf ihn zuliefe. Sie müsste sich mit Gewalt an ihn drücken, doch bei so viel Anstrengung würde der getrocknete Schlamm abplatzen.

Womit sie sich aber nicht zufrieden gibt, ist, dass er sich für schön genug und sie nicht für schön genug hält. »Wenn ich wie du eine private Kosmetikerin hätte, die mir, wenn ich eingeschlafen bin, die Füße eincremt und mir Antifaltencreme um die Augen tupft, würde ich mich auch für makellos halten.«

Alle Jahre wieder

Meinem Vater liegt viel an einem schönen Weihnachtsfest. Wir sind keine Christen, aber wir feiern Weihnachten, seit ich denken kann. Es gibt ein Foto, auf dem steht meine Mutter in engen Jeans auf einer Leiter und schmückt einen hohen Baum. Mein Vater stützt die Leiter, und ich stehe daneben, bin drei Jahre alt und drücke meine Puppe Sabine an mich.

Wir haben nicht jedes Jahr einen Baum. Es gab Jahre, da hatten meine Eltern die Christbaumkugeln und Kerzen an den Zweigen unseres deckenhohen Ficus benjamini befestigt. Was aber immer gleich geblieben ist, ist der Besuch.

Am zweiten Weihnachtsfeiertag kommen Onkel Ömer und Tante Hatice zu uns und bringen Geschenke mit. Nach dem Essen geht Onkel Ömer aufmerksam durchs Haus und schaut sich die Weihnachtskerzen auf dem Tisch an und die Sterne am Fenster. Er sieht nach, ob wir eine Krippe unter dem Baum haben, nimmt sich ein paar Vanillekipferl und sagt: »Findet ihr nicht, dass ihr es mit der Anpassung ein bisschen zu weit treibt?«

Meine Mutter tut jedes Mal so, als hätte sie nichts gehört, mein Vater wird rot, und Tante Hatice sagt: »Ömer, probier doch von den Haselnussmakronen.« Onkel Ömer nimmt sich ein paar Haselnussmakronen und fragt, warum wir die muslimischen Feiertage nicht so schön feiern wie die Geburt Jesu. Dann setzt mein Vater zu seiner alljährlichen Erklärung an. Er sagt, dass das Opferfest und das Ramadanfest meist auf einen

Wochentag fielen und dass einem nur die paar Stunden nach der Arbeit zum Bayram-Feiern blieben. Meine Mutter legt dann die Videokassette vom tschechischen Aschenbrödel ein. Den Film schauen wir seit Jahren am zweiten Weihnachtsfeiertag. Onkel Ömer liebt das Aschenbrödel mit den braunen Haaren. Er findet sie anmutig, wenn sie auf ihrem Schimmel über die Felder reitet, und er vergisst, meinen Vater zur Rechenschaft zu ziehen.

In diesem Jahr gab es keinen Baum. Mein Vater hat bei seinem Bauern nur noch ein paar Kiefernzweige bekommen. Die hat er in einen Kübel Wasser gestellt und eine Weihnachtsdecke um den Kübel drapiert. Meine Mutter hat eine Schale mit Butterstollen und Plätzchen aufgestellt und die Kerzen angezündet. Nach der Bescherung hat meine Schwester ihren selbst einstudierten Bauchtanz aufgeführt und sich dabei immer wieder an den Kiefernzweigen gestochen.

Meinen Eltern hat das gut gefallen, und wir haben uns überlegt, dass wir im nächsten Jahr wieder eine kleine Aufführung haben sollten.

Am zweiten Weihnachtsfeiertag kamen dann Onkel Ömer und Tante Hatice. Meine Schwester hatte heiße Joghurtsuppe mit Kichererbsen gekocht und türkische Getreidebällchen mit Hackfleischfüllung gebraten. Nachdem das Weihnachtskonzert im Radio vorbei war, bekam Onkel Ömer Lust auf ein Tässchen Mokka. Meine Schwester ging schnell Mokka kochen. Später trat sie auch noch einmal mit ihrer Tanznummer auf. Und als Onkel Ömer und Tante Hatice nach Mitternacht müde wurden, bot sich meine Schwester an, sie nach Hause zu fahren. Als die drei im Auto saßen und ich ihnen zuwinkte, sah ich, wie Onkel Ömer meiner Schwester hundert Euro in die Jackentasche steckte.

Der frische Tisch

Der Wohnzimmertisch ist der Mittelpunkt unseres Hauses. Meine Eltern haben schon ein halbes Lamm auf der Tischplatte zerteilt. Wir haben darauf Tante Hatices neuen Vorhang zugeschnitten, und Mutters Freundin Gudrun legt dort manchmal Séancen für meine Schwester. Wenn meine Mutter Behördenbriefe sortiert, breitet sie auf dem Tisch ihre Hefter und Hüllen aus. Nie ist Platz auf diesem Tisch. Wenn wir zu Mittag essen wollen, tragen wir Zeitschriften, Brillenetuis, Stoffreste und Medikamente ab und suchen einen Platz dafür im Rest des Hauses. Doch bis zum Abendessen hat sich der Tisch wieder mit Zeitungen, Puzzleteilen und Wollknäueln gefüllt.

Ich mag diesen Tisch. Man kann von ihm aus die Tür, die Küche und die Sitzecke im Blick behalten. Er steht so günstig, dass man beim Essen die Menschen auf der Straße beobachten kann. Meine Mutter nennt ihn das Herz das Hauses. Sie stört sich nicht daran, dass nie Platz ist auf dem Tisch. »Jeder, der hereinkommt, sieht sofort, dass in diesem Haus viel Leben ist«, sagt sie. Mein Vater sagt, jeder, der zu uns komme, sehe, dass in unserem Haus viel Müll sei. Und dass er nicht verstehe, was an einem Herz voller Gerümpel lebendig sein soll.

Mein Vater hat den Tisch selbst gebaut. Aber seit dem Tag, an dem er in unserem Wohnzimmer aufgestellt worden ist, habe er von der Tischplatte nichts mehr gesehen, sagt er. Je mehr auf dem Tisch liegt, desto mehr leidet mein Vater.

Manchmal räumt er alles beiseite, wischt die Platte feucht ab und reibt sie mit einem weichen Tuch trocken. Dann trägt er Wachs auf, und für ein paar Stunden darf sich niemand an den Tisch setzen. Meine Mutter fragt ihn dann, seit wann er so ordentlich geworden sei. Mein Vater sagt, der Tisch müsse atmen, das habe nichts mit Ordnung zu tun. Solange der Tisch seine Freiheit genießt, erledigt meine Schwester ihre Hausaufgaben auf dem Schreibtisch, meine Mutter sortiert Briefe auf dem Fußboden, und mein Vater passt auf, dass keiner dem Tisch zu nahe kommt. Er allein bestimmt, wann der Tisch wieder freigegeben wird. Wir haben auch schon in der Küche zu Abend gegessen, weil sich mein Vater noch nicht an seinem frischen Tisch satt gesehen hatte.

Seit Weihnachten hat unser Tisch nicht mehr geatmet. Dabei hätte er es dringend nötig. Er liegt voller benutztem Geschenkpapier, Karten, Kerzen und Zeitschriften, dazwischen liegt ein Dominospiel, die Fernbedienung, und die Schale mit den Mandarinen hat auch noch niemand in die Küche gebracht. Meine Mutter wollte schon meine Schwester in Vaters Werkstatt schicken, damit sie die Dose mit dem Bienenwachs holt. »Lass ruhig, ich erledige das schon«, sagte mein Vater. Das war vorgestern. Seither sind noch ein Kartenspiel und eine Schachtel Pralinen dazugekommen. Mein Vater hat offenbar kein Mitleid mehr mit seinem Tisch.

Heute morgen nahm ich mir vor, die Sachen vor dem Frühstück wegzuräumen. Als mich mein Vater ins Wohnzimmer kommen sah, schob er schnell einen Stapel Zeitungen in die linke Ecke des Tisches und räusperte sich. Ich tat so, als hätte ich nichts gesehen. Später fragten mich meine Mutter und meine Schwester ganz leise, ob ich für den Brandfleck auf dem Tisch verantwortlich sei.

Küsse im Fernsehen

An den Feiertagen haben sie *Die wunderbare Welt der Amélie* im Fernsehen gezeigt. Ich habe zu meinen Eltern gesagt, dass das ein sehr schöner Film sei und dass sie ihn sich ansehen sollen. Ich selbst wollte mich lieber mit meiner Freundin Angelika treffen. Ich hatte den Film schon im Kino gesehen. Bei Amélie gibt es eine Szene in einem Café, in der eine Kellnerin mit einem Gast auf der Toilette verschwindet. Man hört, wie die Frau mit dem Kopf gegen die Tür rumst. Und man hört sie stöhnen. Sie stöhnt dann immer lauter, er auch. Irgendwann schreit sie, und in genau dem Moment pfeift ein Wasserkessel auf dem Herd. Es ist eine ziemlich laute Szene.

Für das, was da hinter der Toilettentür passiert, haben wir zu Hause keinen so rechten Namen. Meine Mutter nennt das Kennenlernen, in seltenen Momenten sagt sie Liebe machen. Mein Vater nuschelt irgendetwas, ich glaube, er hält sich auch an Kennenlernen. Normalerweise schauen wir selten dabei zu, wie sich Schauspieler im Fernsehen kennen lernen.

Um uns Kinder zu schonen, drückt schnell irgendjemand einen Knopf auf der Fernbedienung und wir schauen die *Rentner – Lastesel der Nation* oder *Medicopter 117 – jede Minute zählt*. Der Reflex, bei Liebesszenen das Programm zu wechseln, sitzt so tief, dass sogar schon meine Schwester umschaltet, wenn sich zwei auf dem Bildschirm länger als drei Sekunden küssen. Wir schonen unsere Eltern. Nach einer Anstandspause schaltet dann meistens meine Mutter wieder zurück. Manchmal sind die beiden aber noch lang nicht fertig mit dem Kennenlernen, und dann muss meine Mutter schnell wieder zu den Rentnern schalten. Mein Vater räuspert sich, und meine Schwester und ich tun so, als hätten wir im Fernsehen noch nie etwas Interessanteres gesehen als Balkendiagramme und Rentensätze. Um weitere Risiken zu vermeiden, wartet meine Mutter beim zweiten Mal besonders lange und schaltet erst ganz spät wieder um. So haben wir schon recht lange Passagen in guten Filmen verpasst.

Nach dem Essen rief Angelika an und sagte, sie könne nicht vor zehn bei mir sein. Sie wollte mich später mit ihrem Auto abholen. »Du kannst solange ja *Amélie* mit deinen Eltern gucken. Das kommt heute Abend im Fernsehen«, sagte sie.

Als der Mann im Film das Café betrat und der Kellnerin in den Ausschnitt guckte, bekam ich Herzklopfen. Meine Eltern ahnten nichts. Es wurde Zeit, dass die verklemmte Kennenlerei ein Ende hat, fand ich. Ich bin 31, meine Schwester wird bald 21 und meine Eltern sind ohnehin schon lange erwachsen. Das würden wir jetzt schon durchstehen.

Als die Frau mit dem Kopf gegen die Türe rumste, erwachte mein Vater aus seinem Fernsehschlaf. Meine Mutter prüfte die Blätter ihres Gummibaums, und meine Schwester schaute an die Decke. Mein Vater murmelte einen Fluch. Ich suchte nach der Fernbedienung, aber sie war nirgends. Dann fing die Kellnerin an zu stöhnen. Mein Vater ging in die Küche. Meine Mutter sagte: »Ich hole mal die Wäsche aus dem Trockner.« Jetzt schrieen und pfiffen Kellnerin und Kessel um die Wette. »Was für ein Lärm«, rief ich und schaltete mit rotem Kopf den Fernseher aus. Wir waren eben einfach noch nicht so weit.

Im Jahr der toten Hühner

Das Arbeitsamt schickt ihm solche Formulare, die Krankenkasse, die Gewerkschaft und die Versicherung. Stapel von Vordrucken, die nach Berufsjahren, nach chronischen Krankheiten und allem Möglichen mehr fragen. Mein Vater hütet diese Papiere in einer Mappe, legt sie mir bei Gelegenheit wortlos hin und täuscht akute Unkenntnis der deutschen Sprache vor. Ich nehme einen Kugelschreiber, trage in Druckbuchstaben seinen Namen und sein Geburtsdatum ein. Das ja noch nicht einmal richtig ist. Vor mehr als fünfzig Jahren interessierte sich in dem türkischen Dorf niemand für den eigentlichen Tag der Geburt. Den 2. Februar, der seither in seinem Ausweis steht, fand der Standesbeamte offenbar ganz einprägsam. In welchem Jahr seine Eltern geheiratet haben, wird gefragt. »Lass mich nachdenken« sagt er. »Ich habe drei ältere Geschwister, Mustafa, der älteste von uns, wurde bald nach der Hochzeit geboren. Dass soll in dem Jahr gewesen sein, in dem die Pistazienernte schlecht ausfiel und fast alle Hühner im Dorf starben.« Dass die Lücken in den Fragebögen auch immer so kurz sind.

Das goldene Blech

Auf dem Flohmarkt habe ich ein großes, ovales Tablett gekauft. Es ist golden, jemand hat in den Boden mit kleinen Hammerschlägen tausende feiner Dellen geschlagen. Das sieht sehr hübsch aus. Ich habe das Tablett im Wohnzimmer gegen die Wand gelehnt. Ich finde, wir sollten es dort stehen lassen, anstatt schmutzige Teller und Besteck darauf zu transportieren.

Zwei Tage lang bemerkt es keiner. Als Onkel Ömer und Tante Hatice zu Besuch kommen, frage ich sie, ob ihnen etwas auffällt. Tante Hatice sieht sich um und fragt, ob meine Mutter die Vorhänge gewaschen hätte. »Das goldene Tablett dort«, sage ich. »Ach Kind, das ist doch kein Gold«, sagt Onkel Ömer. Er geht hin und nimmt das Tablett hoch. »Das ist golden angesprühtes Blech.« Onkel Ömer stellt es wieder ab und fragt, was man in Deutschland an der Universität überhaupt lernt, wenn man am Ende Blech nicht von Edelmetallen unterscheiden könne. Er setzt sich und schlägt die Zeitung auf.

Tante Hatice fragt, wo ich das Tablett gekauft habe. Sie fragt immer, wo man etwas gekauft hat. »Woher habt ihr denn diese Sofakissen?«, fragt sie. Oder: »Wo hast du denn diesen Badeschwamm gekauft?« Man merkt sofort an ihrer Stimme, ob sie sich am nächsten Tag genau dieselben Kissen kaufen wird oder ob sie fragt, weil sie die Schwämme unhygienisch findet.

Das Tablett findet sie auf Anhieb grässlich. Man hört das.

Sie wird dann so schrill. Ich sage, dass ich es auf dem Flohmarkt gefunden habe. »Was, du kaufst die Sachen von Toten?« Jetzt ist Tante Hatice entsetzt. Ihre Stimme wird noch eine Spur schriller. Aber sie reißt sich zusammen, weil Onkel Ömer böse wird, wenn man ihn beim Zeitunglesen stört. »Das sind nicht die Sachen von Toten, sie sind einfach nur gebraucht«, flüstere ich. Seit in Tante Hatices Nachbarschaft der Hausrat der verstorbenen Frau Hieber verschenkt worden ist, ist sie misstrauisch geworden.

Frau Hiebers Tochter hat bei Tante Hatice geklingelt und ihr ein paar Winterstiefel und weiße Bettwäsche mit den Initialen ihrer Mutter geschenkt. »Sie haben dafür vielleicht eher Gebrauch als ich«, hat sie gesagt. Tante Hatice hat die Sachen genommen, weil sie nicht unhöflich sein wollte. Uns hat sie erzählt, sie habe die Sachen sofort in den Keller gebracht und in die Mülltonne geworfen. Und sich danach die Hände gewaschen. »Weiß die junge Frau Hieber denn nicht, dass die Lebenden die Sachen von Toten nicht anziehen dürfen?«, hat sie später meine Mutter gefragt.

Tante Hatice glaubt, dass der Geist der Verstorbenen in ihren Kleidern und in ihrem Hausrat weiterlebt. Jetzt denkt sie, dass wir den Geist irgendeines Toten in unserem Wohnzimmer haben. »Das Tablett muss raus hier. Was hast du für das Ding bezahlt«, fragt sie ganz leise. Es klingt, als könnte ich es behalten, wenn es teuer war. Ich sage 120 Euro. »Was?« schreit Tante Hatice.

Onkel Ömer schaut grimmig von seiner Zeitung auf und fragt, was los sei. »Nichts«, sage ich. »Nichts«, sagt Tante Hatice. Über den Geist im Tablett kann sie ihm nichts erzählen. So etwas hält er für absoluten Unfug. »Ich bin nur entsetzt über den Bildungsstand an den deutschen Unis heutzutage«, sagt sie. »Die jungen Leute haben ja von nichts eine Ahnung.«

Zeitfragen

Wenn meine Großmutter zu Besuch kommt, bestimmt sie das Tempo in unserem Haus. Sie kommt nicht oft. Aber wenn, dann bleibt sie drei Monate. Mit dem Flugzeug ist sie nicht einmal vier Stunden unterwegs, aber sie kommt lieber gar nicht, wenn sie nicht mindestens neunzig Tage bleiben kann. »Sonst lohnt sich der Weg aus der Türkei doch gar nicht«, sagt sie.

Meine Großmutter hat ein merkwürdiges Verständnis von lang und kurz. Wenn ich sage, ich habe den Montag frei und freue mich auf ein langes Wochenende, schüttelt sie den Kopf. Sie weiß auch nicht, was die Worte früh und spät bedeuten. Sie sagt, sie stehe früh auf, und kommt nicht vor dreizehn Uhr aus ihrem Zimmer. Sie sagt, sie gehe früh ins Bett, und schaut bis zwei Uhr morgens fern. Sie sagt, dass sie es unhöflich findet, wenn wir morgens so laut sind, und sie ist beleidigt, wenn ihr nachts keiner beim Fernsehen Gesellschaft leistet.

Am Mittwoch hat sie ihre Nachbarin in der Türkei angerufen. Zwei Minuten brauche sie, sagte sie. Wir waren auf dem Weg in die Stadt und schnürten derweil unsere Winterstiefel. Meine Schwester hatte sich schon ihre Mütze aufgesetzt und wickelte sich den Schal um den Hals. Nach zwanzig Minuten wurde mir warm in meiner Jacke, ich stellte mich vor meine telefonierende Großmutter und zeigte auf die Uhr an der Wand. Meine Großmutter drehte sich weg und wechselte den Hörer in die andere Hand. Meine Schwester zog sich die

Schuhe wieder aus, weil sie aufs Klo musste und wir im Haus keine Schuhe tragen dürfen. Meine Mutter setzte sich auf die Holztruhe im Flur und schaute genervt.

Nach neunundvierzig Minuten beschlossen meine Schwester und meine Mutter, mit dem Bus in die Stadt zu fahren. Mein Vater und ich sollten auf Großmutter warten. Ich machte mir ein Wurstbrot, und mein Vater verschwand in seiner Werkstatt. »Bleib ganz ruhig, sie ist bestimmt gleich fertig«, sagte er, als er die Tür hinter sich zuzog. Nach einer Stunde und zwölf Minuten war Großmutter fertig mit Telefonieren. »Wo sind denn die anderen?« fragte sie. »Papa ist unten, und die anderen sind schon vorgefahren.« »Immer diese Hetzerei im Haus«, sagte meine Großmutter und zog ihren Mantel vom Garderobenhaken.

Wir hatten vereinbart, uns um fünf Uhr am Brunnen auf dem Marktplatz zu treffen. Aber außer uns dreien stand um fünf kein Mensch am Brunnen. Meine Mutter und meine Schwester hatten sich offenbar verspätet. Zehn nach fünf waren sie noch nicht da. »Dreiste Person, deine Mutter«, sagte Großmutter. Dann beschwerte sie sich, dass niemand daran gedacht hatte, eine Sitzbank aufzustellen. Nach weiteren fünf Minuten sagte Großmutter, ich solle meine Schwester anrufen. Das Handy meiner Schwester war aus, meine Mutter hörte ihres nicht klingeln. »Du hast eine unzuverlässige Frau geheiratet, mein Lieber«, sagte meine Großmutter. Mein Vater fragte, ob er kurz zur Post gehen könne, bevor sie schließe. »Du kannst uns jetzt hier nicht alleine stehen lassen, es wird schon dunkel«, sagte Großmutter. Es war zwanzig vor sechs, als meine Schwester und meine Mutter aus dem gegenüberliegenden Café kamen. »Wir haben nur kurz einen Kaffee getrunken«, sagte meine Mutter.

Kleine Geheimnisse

Behalte das aber für dich«, sagt meine Schwester. Sie hat demnächst ein Vorstellungsgespräch und will nicht, dass irgendjemand schon vorher was erfährt. Falls es nichts wird mit dem Job, kann sie so tun, als hätte es nie ein Vorstellungsgespräch gegeben. Als ich mich zwei Tage später mit Angelika treffe, fragt sie nach meiner Schwester. »Ich darf es dir eigentlich nicht erzählen«, sage ich. »Sie hat bald ein Vorstellungsgespräch.« Angelika nickt. »Kann ich verstehen«, sagt sie. »Ich würde auch nicht wollen, dass das jeder weiß. Wenn es nichts wird, muss man jedem erklären, warum.«

Ich stelle mir vor, wie ich mich fühlen würde, wenn ich eine Absage bekäme. Wie mich meine Mutter, mein Vater, meine Schwester, Onkel Ömer und Tante Hatice jeden Tag fragen, ob ich denn schon was gehört habe. Ich fühle mich jetzt ein bisschen schlecht, weil ich das Geheimnis meiner Schwester verraten habe. »Behalt das aber für dich«, sage ich zu Angelika. Sie nickt.

Angelika ist im Nichtweitersagen besser als ich. Ich treffe ihre Mutter im Schreibwarengeschäft. Sie hat Fotopapier und große Umschläge gekauft. »Angelika will an einem Fotowettbewerb teilnehmen«, sagt sie. Angelika macht schöne Portraitaufnahmen. Sie hat einmal welche von mir gemacht und es sind die einzigen Fotos, auf denen ich mir gefalle. Angelikas Mutter sagt: »Du weißt aber von nichts.« Diesmal muss ich wirklich dichthalten. Angelika ist meine beste Freundin.

Am Wochenende begleite ich meine Schwester zum Einkaufen. Sie braucht neue Schuhe für das Vorstellungsgespräch. Sie sagt, sie könne da nicht in ihren alten Winterstiefeln hingehen. Ich frage sie, ob sie glaubt, die würden dort mit ihren Schuhen reden. »Du hast doch keine Ahnung«, sagt sie. Als wir am Nachmittag im Café sitzen, hat sie immer noch keine Schuhe gefunden. »Mach dir keine Sorgen wegen der Schuhe«, sage ich. Meine Schwester sagt nichts und rührt in ihrem Kaffee.

Ich versuche sie zu trösten. »Angelika will mit ihren Fotos an einem Wettbewerb teilnehmen. Die ist bestimmt genauso aufgeregt wie du jetzt.« Meine Schwester schaut mich interessiert an. »Wirklich?« Sie mag Angelika. »Ihre Fotos sind großartig, richte ihr von mir aus, sie soll sich keine Sorgen machen.« Ich sage, dass ich ihr das leider nicht ausrichten kann, weil Angelika mir das mit dem Wettbewerb nicht selbst gesagt hat, sondern ihre Mutter. »Und die hat gesagt, dass ich es niemandem weitersagen soll. Ich erzähle dir das nur, damit du siehst, dass es anderen ähnlich geht.«

Meine Schwester nickt. Meine Schwester plaudert nichts weiter. Sie ist da einfach anders. Angelika ruft mich am nächsten Morgen an. »Rat mal, wer schwanger ist!« Sie klingt aufgeregt. »Da kommst du nie drauf.« Ich rate und sage: »Karin?« Es ist Steffi. »Ist das zu fassen?«, kreischt Angelika. Steffi, Angelika und ich waren zusammen auf der Schule. »Aber du musst das wirklich für dich behalten. Ich weiß das von deiner Schwester und musste ihr versprechen, den Mund zu halten.«

Ich weiß schon lange, dass Steffi schwanger ist. Ich hatte es schließlich meiner Schwester erzählt.

Der böse Blick

Tante Hatice hat sich den Nacken verrenkt. Sie kann den Kopf nicht mehr nach rechts drehen. Wenn sie nach rechts schauen will, muss sie den ganzen Körper drehen. Sie setzt sich auf das Sofa, kneift die Augen zusammen und jammert »ay, ay, ay«. Das ist türkisch und heißt »aua«. Die Vorstellung, in den nächsten Tagen eine leidende Tante auf dem Sofa sitzen zu haben, ist entsetzlich. Tante Hatice sagt, sie sei vom bösen Blick getroffen worden. Der böse Blick trifft einen, wenn man zu viel Glück im Leben hat und ein anderer neidisch guckt. Er fährt dann geradewegs in einen hinein. Bei Tante Hatice ist er in den Nacken gefahren. Wahrscheinlich hat sie sich gerade weggedreht, als ihr der Blick zuflog.

Meine Schwester und ich überlegen, von wem der böse Blick gekommen sein könnte. Meine Mutter sucht derweil im Telefonbuch nach einem Chiropraktiker. »Du musst einen suchen, der sich mit bösen Blicken auskennt«, sagt mein Vater. Meine Mutter hebt den Kopf, schaut ihm in die Augen, zieht die Augenbrauen hoch und wendet sich wieder dem Telefonbuch zu. Augenbrauen hochziehen heißt: ›Dreh du jetzt nicht auch noch durch. Eine Verrückte reicht.‹ Meine Mutter kann die Augen auch sehr weit aufreißen. Das heißt dann ein bisschen was anderes. Man kann das mit Ich-reiß-dir-gleich-den-Kopf-ab übersetzen.

Meine Mutter ist nicht gewalttätig. Aber man bekommt den Eindruck, wenn man sie schimpfen und drohen hört. »Warte nur, bis ich dich unter meine Füße nehme«, sagt sie manchmal. Das klingt im Türkischen viel bedrohlicher, und man kann sich gut vorstellen, was einem so widerfahren könnte, wenn meine Mutter wütend auf einem herumtrampelt. Sie hat das noch mit keinem von uns gemacht. Manchmal sagt sie auch, Allah solle uns das Leben nehmen. Das meint sie nicht so. Meine Mutter kann nichts dafür, dass es in türkischen Beschimpfungen gleich um Leben und Tod geht.

Meine Schwester holt ein Wärmepflaster aus dem Apothekenschrank. Tante Hatice soll es sich auf den Nacken kleben. Aber Tante Hatice sagt, gegen den bösen Blick helfe kein Wärmepflaster. »Eurer Tante ist ohnehin nicht zu helfen«, flüstert meine Mutter. »Zu deinem Chiropraktiker gehe ich auch nicht«, sagt Tante Hatice zu meiner Mutter, als sie schon dessen Sekretärin am Telefon hat. »Höchstens, er kennt sich mit bösen Blicken aus.« Meine Mutter vereinbart einen Termin. Zu Tante Hatice sagt sie, er sei Experte für böse Blicke. Anders wäre Tante Hatice nicht dazu zu bewegen, zum Arzt zu gehen.

Als Tante Hatice von ihrem Termin zurückkommt, kann sie den Kopf wieder nach rechts drehen. Sie schaut immer noch ein wenig verspannt aus, lächelt aber. Der Arzt hat ihr Spritzen gegeben und ihr Saugnäpfe auf den Nacken gesetzt. Das muss sie jetzt eine Woche lang über sich ergehen lassen. »Ich dachte, er sei Experte gegen den bösen Blick«, sagt meine Schwester. »Halt den Mund, oder ich klatsch dich gleich gegen die Wand«, zischt meine Mutter zwischen den Zähnen hindurch. »Er ist auch ein Experte«, sagt Tante Hatice. »An seinem Kittel trug er ein kleines Auge aus blauem Glas gegen den bösen Blick«. Ich bin mir sicher, dass da meine Mutter dahintersteckt.

Im nächsten Jahr

Tante Hatice hat sich einen Pürierstab gekauft. Er hat verschiedene Aufsätze. Man kann damit sogar Sahne schlagen oder Kuchenteig kneten. »Hast du nicht schon einen Pürierstab«, frage ich. »Ja«, sagt sie. »Schon lange. Aber diesen hier nehme ich mit in die Türkei.« Tante Hatice legt sich seit Jahren einen zweiten Hausrat an. Vieles davon hat sie schon in die Türkei gebracht, in ihrem Keller lagern noch ein Wok, Bettbezüge, Massagerollen für die Füße und elektrische Wärmekissen. Ob sie den Wäschetrockner schon in ihre türkische Wohnung geschafft haben, weiß ich nicht. Irgendwo muss auch noch eine Stereoanlage stehen mit einem Plattenspieler und einem Kassettendeck. Die Anlage muss eine ihrer ersten Anschaffungen für die Türkei gewesen sein.

Onkel Ömer und Tante Hatice leben schon lange in Deutschland. Sie waren schon vor meinen Eltern hier. Die Tatsache, dass Onkel Ömer seit Jahren in Rente ist und beide in Deutschland Großeltern geworden sind, hat ihrem Glauben, im nächsten Jahr in die Türkei zurückzukehren, keinen Abbruch getan. »Im nächsten Jahr gehen wir in die Türkei zurück«, sagt Onkel Ömer jedes Mal, wenn in den Nachrichten über die deutsche Krise berichtet wird. Und damit sie im nächsten Jahr nicht in einer leeren Wohnung am Mittelmeer stehen, kauft Tante Hatice alles doppelt.

»Wirf deinen alten Pürierstab lieber weg, und benutze den neuen«, sagt meine Mutter zu Tante Hatice. »Dass ihr im nächsten Jahr in die Türkei zurückgeht, erzählt ihr nun schon seit dreißig Jahren.« Tante Hatice schaut beleidigt. »Im Gegensatz zu euch sind mein Mann und ich unserer Heimat verbunden«, sagt sie dann. Sie hat mit dem Pürierstab noch ein sechzigteiliges Besteckset gekauft. »Wir wissen, wo wir hingehören und wo wir eines Tages beerdigt werden wollen.« Tante Hatice räumte das Besteckset, das in einem weinroten Lederkoffer geliefert wurde, zu dem Pürierstab in den Schrank. »Meinst du, in der Türkei gibt es kein Besteck«, fragt meine Mutter. »Selbst wenn ihr im nächsten Jahr zurückgehen solltet, kannst du dir doch dort alles kaufen.« Tante Hatice schüttelt den Kopf. »Das ist doch nicht so eine gute Qualität wie hier«, sagt sie.

Sie glaubt tatsächlich, dass ihre elektronischen Küchenmaschinen irgendwo in Deutschland von Ingenieuren in weißen Kitteln hergestellt werden. Für Tante Hatice gibt es nichts Besseres als Ingenieure. Acht Monate hat sie versucht, mich mit Marcel, dem Sohn ihrer Nachbarin zusammenzubringen. Er studierte Bauingenieurwesen. Dann hat Marcel das Studium geschmissen, und Tante Hatice hat nie wieder ein gutes Wort über ihn verloren.

»Ach komm, pack den neuen Pürierstab wieder aus, und wir machen einen Kuchen«, sage ich zu Tante Hatice. »Wir müssen doch erst mal testen, ob er auch richtig funktioniert. Nachher stehst du im nächsten Jahr in der Türkei mit dem Ding, und es geht nicht.« Das leuchtet Tante Hatice ein. »Na gut«, sagt sie. »Ausnahmsweise.« Ich nehme eins von Tante Hatices Backbüchern aus dem Schrank. »Wollen wir nicht eine Schoko-Sahne-Torte backen«, frage ich. »Nein, nein. Nichts, was gleich so wahnsinnig dick macht«, sagt meine Mutter. »Ich versuche gerade abzunehmen.« Tante Hatice lacht. »Das erzählst du uns nun schon seit dreißig Jahren.«

Lichtersuche

Seit drei Jahren baumelt über unserem Esstisch eine nackte Glühbirne und strahlt ihre 100 Watt über unsere Teller und Schüsseln. Schön sieht das nicht aus. Aber mein Vater hat noch keinen Lampenschirm gefunden, der ihm gefällt. Er hat sich noch nicht einmal entschieden, ob er dort oben lieber eine helle oder mehrere weniger helle, klare oder matte Birnen, Halogenstrahler, Energiesparlampen oder einen alten Kronleuchter mit Kerzen hätte. Wir wälzen Kataloge, bringen Broschüren mit und schauen uns in Einrichtungshäusern um. Das rote Tuch, das meine Schwester kurz entschlossen über die Birne hängte, zerrte er wieder herunter, weil wir ja nicht im Puff sind. Er sagt, wir sollen ihn nicht drängen, er brauche noch ein bisschen Zeit. Immerhin weiß er, was ihm nicht ins Haus kommt: Öllampen. Die ideale Lampe ist hübsch, strahlt Wärme aus, lässt uns in einem guten Licht erscheinen und blendet nicht. Solange er das nicht kriegt, sagt er mit bedeutungsvoller Miene, will er warten, bis er auf die Richtige stößt. Wenn er damit mal nicht auf meinen neuen Freund anspielt.

Kleine Gefälligkeiten

Meine Eltern fahren nach Nürünberg. Meine Schwester hat ihnen schon dreimal gesagt, dass die Stadt nicht Nürünberg, sondern einfach nur Nürnberg heißt. Ich habe gesehen, wie meine Mutter auf einen Notizzettel trotzdem Nürünberg geschrieben hat. Als ich sie darauf aufmerksam machte, sagte sie nur »ja, ja« und ging ins Bad, um ein paar Handtücher für ihre Reise zu holen. »Mama, sag mal Nürnberg«, sagte meine Schwester abends beim Essen. »Nüürnberg«, sagte meine Mutter. Wenn sie das Wort so lang zog, hörte man nicht mehr, ob sie nicht doch an der falschen Stelle ein »ü« hineinschmuggelte.

»Lass mich mit deinen Sprachübungen in Ruhe«, sagte meine Mutter. Sparachübungen, sagte sie. »Wie kann man nur so viele Konsonanten hintereinander in ein einziges Wort packen. Unsere türkischen Zungen kommen da nicht hinterher«, sagte mein Vater zu ihrer Verteidigung. Und auch zu seiner eigenen. Er macht es nicht viel besser. »Wo ist der Zugfahrpilan?«, hat er mich gefragt. Immer wenn es ihm zu viel wird mit den Konsonanten, schiebt er einen Vokal dazwischen. Ihm fällt das gar nicht auf. Und uns bald auch nicht mehr.

Meine Schwester hat gestern Nürünberg gesagt, als sie Tante Hatice von der Reise unserer Eltern erzählte. »Jetzt rede ich schon so falsch wie ihr«, sagte sie. Mein Vater war beleidigt. »Wir reden nicht falsch«, sagte er. »Wir machen uns nur die Aussprache (sprich: Ausschpirache) ein bisschen gefälliger.« »Ja«, sagte Tante Hatice. »Wir haben in der Türkei nur Städtenamen (Schitädtenamen), die wirklich jeder aussprechen (ausschpirechen) kann. Ankara, Istanbul, Bursa, Adana.« Zum Glück fielen ihr auf die Schnelle keine anderen türkischen Städte mehr ein. »In anderen Ländern haben sie auch viele einfachere Namen: London, Paris, Rom, Oslo, Venedig.« Tante Hatice lehnte sich zufrieden zurück und zog ihre selbst gestrickte Strickjacke links und rechts über ihren Busen. »Und was ist mit Brüssel?« fragte meine Schwester. »Ist gut«, sagte meine Mutter. »Die beiden wollen dich nur ärgern.« Aber Tante Hatice ließ sich nicht ärgern. Sie schaute ein wenig angestrengt und fragte: »Warum, was ist denn mit Bübrüssel?« Meine Schwester beugte sich zu mir herüber und flüsterte: »Na siehst du, mit ein bisschen Mühe kriegt es sogar Tante Hatice richtig hin. Wir kriegen Mama und Papa auch noch so weit.« Meine Mutter warf mit dem Küchentuch nach ihr und sagte, wir sollten lieber an unserer Türkisch-Aussprache arbeiten, anstatt uns über andere lustig zu machen.

Als unsere Eltern nach sechs Tagen aus Nürnberg zurückkamen, erzählten sie, dass sie erst in den falschen Zug geschitiegen und fast in Schututtgart gelandet wären, aber rechtzeitig wieder ausgeschitiegen seien. »Nürnberg liegt doch ganz woanders«, sagte mein Vater und lachte. Dann fragte mein Vater, ob wir wüssten, wer in Nürnberg zur Welt gekommen sei. Ich wusste es nicht, und meine Schwester hatte keine Lust zu raten. »Albirecht Dürer«, sagte meine Mutter. »Ach ja, und gestern, an unserem letzten Abend in Nürnberg, haben wir diese kileinen Würstchen mit Sauerkiraut gegessen. Die sind lecker«, sagte sie. »Und bei einer Flasche Wein das Wort Nüürnberg geübt«, fügte mein Vater hinzu.

Das nackte Gesicht

Onkel Ömer hat sich den Bart abrasiert. »Er sieht ganz nackt im Gesicht aus«, sagt meine Schwester. Sie hat ihn schon ohne Schnurrbart gesehen. »Aber sag nichts zu ihm, wenn er kommt. Ich glaube, er bereut es schon wieder.« Ich kann mich nicht erinnern, Onkel Ömer jemals ohne Bart gesehen zu haben. Ich erinnere mich nur daran, dass der Schnurrbart erst dunkelbraun war, dann immer grauer und grauer und zum Schluss ganz weiß geworden war. Jetzt ist der Bart weg. Als meine Schwester und ich noch klein waren, küsste er uns auf die Wangen und piekste uns mit den borstigen Barthaaren. Ich mochte seinen Bart nicht, aber er gehörte zu Onkel Ömer wie Tante Hatice. Man musste ihn mit Bart und Tante nehmen.

»Warum hat er sich den Bart denn abrasiert?«, frage ich meine Schwester. Sie weiß es auch nicht. »Vielleicht war er sauer auf Tante Hatice«, sagt sie. »Oder er ist beim Rasieren ausgerutscht und hat sich ein Stück vom Schnurrbart abgeschnitten. Vielleicht hat er sich gedacht, da kann der Bart gleich ganz ab.« Meine Schwester spricht aus Erfahrung. Zwei ihrer Barbiepuppen hatten zum Schluss nur noch Stoppeln auf dem Kopf.

Eigentlich wollte sie der blonden Puppenmähne nur die Spitzen abschneiden. Aber als die Haare endlich einigermaßen gerade waren, reichten sie nur noch bis zum Kinn. Sie hat die letzten Strähnen dann kurzerhand auch noch abgeschnitten. Als sie ihre Puppen vor Jahren auf dem Schulbasar verkaufte, hat sie für ihre Punk-Barbies doppelt so viel Geld bekommen wie für die mit den langen Haaren.

Onkel Ömer sieht wirklich ganz nackt aus. Ich kann ihn gar nicht richtig anschauen. Irgendwie ist mir das peinlich. Wir sitzen uns gegenüber, er erzählt von seinen Rückenschmerzen, und ich versuche seine bloße Oberlippe zu ignorieren. Ich glaube, sein neues Gesicht ist ihm auch unangenehm. »Hast du schon bemerkt, dein Onkel hat sich seinen Schnurrbart abrasiert«, sagt Tante Hatice. Es ist gut, dass sie mich darauf aufmerksam macht. »Ja«, sage ich. Dann fällt mir nichts mehr ein. Onkel Ömer bittet mich, ihm seine Brille aus seiner Jackentasche zu bringen, und ich fliehe in den Flur. Als ich zurückkomme, fragt Tante Hatice: »Sag doch mal, sieht er nicht zehn Jahre jünger aus ohne Bart?«

Onkel Ömer sagt, ich solle den Fernseher einschalten, er wolle jetzt gern die Nachrichten sehen. Aber es hilft alles nichts. Um ihren Mann nicht beim Nachrichtengucken zu stören, flüstert Tante Hatice: »Er tut zwar so, als sei er entmannt worden, aber ich finde ihn wunderbar ohne Schnurrbart.«

Später, als Tante Hatice, meine Mutter und meine Schwester im Schlafzimmer Vorhänge ausmessen, sagt Onkel Ömer: »Nun frag mich schon.« Wir müssen den Moment ausnutzen, solange Tante Hatice aus dem Zimmer ist. »War sie das?«, frage ich. »Nein, das war ich schon selber«, sagt er. »Aber sie hat mich erpresst.« Tante Hatice habe gesagt, sie ertrage seine stacheligen Küsse nicht mehr. Vierzig Jahre habe sie stillgehalten und darauf gewartet, dass sie sich irgendwie daran gewöhnen würde. Aber jetzt habe sie genug gelitten. »Erst habe ich mich natürlich geweigert«, sagt Onkel Ömer. »Aber dann durfte ich sie nicht mehr küssen.« Nach drei Wochen hat er den Bart abrasiert.

Der Neue

Meine Schwester hat einen Jungen kennen gelernt. »Einen Mann«, sagt sie. Er ist 21, so alt wie sie. Mein Vater hat gefragt, ob sie ihm schon gesagt hätte, dass sie seit ihrer Geburt ihrem Cousin in der Türkei versprochen sei. Den Witz macht er gerne. Angeblich bin ich einem anderen Cousin versprochen. Jahrelang habe ich geglaubt, er würde eines Tages auf einem Esel bis vor unsere Tür reiten und mich gegen einen Sack Gold eintauschen.

Bis heute habe ich nichts von ihm gehört. Wenn er mich wirklich wollte, hätte er sicher einmal bei uns zu Hause angerufen. Aber mit 31 wird man wohl nicht mehr angerufen. Ich bin die letzte ledige Enkelin in der gesamten Familie, mütterlicherseits wie auch väterlicherseits. Unter normalen Umständen, das heißt, wenn meine Eltern in der Türkei geblieben wären, wären sie jetzt schon Großeltern und meine Schwester Tante. »Deine Zeit ist um«, sagt mein Vater. Manchmal denke ich, das freut ihn. »Mach dir nichts draus. Du kannst bei uns wohnen. In meiner Werkstatt ist immer etwas zu tun.« Er glaubt, das würde mich trösten. »Falls das mit dem Neuen nichts wird, kannst du auch bei uns bleiben«, sagt er zu meiner Schwester. Sicherlich gibt es in seiner Werkstatt auch ein Plätzchen für sie.

»Ich hätte Papa gar nichts von dieser Verabredung erzählen sollen«, sagt meine Schwester, als sie sich die Wimpern tuscht. Jan, der Neue, hat sie ins Kino eingeladen. »Jetzt wird er mir tagelang erzählen, dass er mich nicht großgezogen hat, damit ich einen Ehemann bediene. Und dass am Tag meiner Hochzeit meine Freiheit endet.« Mein Vater hält sich für den fortschrittlichsten, liberalsten und aufgeschlossensten Ehemann überhaupt. So einen wie ihn würden wir nirgends finden, sagt er. »Du hast doch noch so viel Zeit«, sagt er zu meiner Schwester, als sie aus der Tür geht. Als wäre sie gerade mit ihrem Neuen auf dem Weg zum Standesamt.

Mein Vater geht hinunter in seine Werkstatt, er will das kleine Bücherregal für die Küche fertig machen. Nach einer halben Stunde ruft er nach mir. Ich hatte schon damit gerechnet. »Kannst du mir kurz was helfen?« Entweder braucht er mich, weil ihm etwas hinter den Schrank gerutscht ist und sein Arm nicht in die Spalte zwischen Wand und Schrank passt. Oder ich muss irgendetwas tragen helfen. Als ich in die Werkstatt komme, steigt er gerade auf eine Leiter. Ich soll aufpassen, dass sie nicht umfällt, während er auf der obersten Sprosse steht.

»Und, wann heiratet ihr?«, frage ich meine Schwester am nächsten Tag beim Frühstück. Nach dem Essen war sie mit Jan in einer Bar, dann hat er sie noch zu sich nach Hause eingeladen. Aber so richtig begeistert scheint sie nicht von ihm zu sein. »Schön, dass du das fragst«, sagt sie und scheint ein wenig genervt zu sein. »Papa wollte das heute Morgen auch schon wissen.« Aber noch schlimmer sei gewesen, dass Jan am Abend zuvor, kurz nachdem sie sich zum ersten Mal geküsst hatten, gleich von der Hochzeit seiner Schwester erzählt hätte. »Jeder redet vom Heiraten.« Bei dem Wort Heiraten kommt mein Vater zur Tür herein. »Ich bin froh, dass du nicht ans Heiraten denkst«, sagt er. »Ehe ist Knechtschaft.«

Dann fragt er, ob eine von uns nach dem Frühstück kurz in der Werkstatt helfen könne.

Gute Beifahrer

Pass auf, von rechts kommt einer«, sagt mein Vater zu meiner Mutter. Der Wagen, der von rechts kommt, fährt so langsam und ist noch so weit weg von unserem Auto, dass er ihn nicht beunruhigen müsste. Er tut es aber. »Lehn du dich doch richtig an, dann sehe ich auch, ob da was von rechts kommt oder nicht«, sagt meine Mutter. Mein Vater drückt sich an die Rückenlehne und sagt: »Jetzt kannst du fahren.« Meine Mutter schaut noch mal nach rechts und fährt los. Sie sagt weiter nichts.

Früher haben sich meine Eltern im Auto immer gestritten. Mein Vater hat meiner Mutter gesagt, dass sie schneller oder langsamer fahren, lieber jetzt schon mal blinken oder noch ein bisschen warten solle. Sie hat ihn dann angeschrien, dass er ihr nicht sagen müsse, wie sie fahren solle. Er hat zurückgeschrien, dass er ihr nur helfen wolle, und sie hat geschrien, dass sie selber Augen im Kopf habe. Dann waren beide beleidigt, und keiner hat mehr geschrien. Meine Mutter fühlte sich bevormundet und mein Vater falsch verstanden. Meine Schwester und ich sind ein wenig tiefer in die Rückbank gerutscht und haben lieber den Mund gehalten. So sind wir schon viel in Deutschland herumgekommen.

Erst schrien sich die beiden auf den Vordersitzen an, dann redete keiner mehr. Manchmal mussten meine Schwester und ich uns die Zeit am Straßenrand vertreiben, weil meine Mutter wütend geworden und ausgestiegen war. Sie weigerte sich weiterzufahren. Wir wussten aber, dass sie noch wütender werden würde, wenn sich stattdessen mein Vater ans Steuer setzen würde. Sie haben sich aber immer schnell wieder vertragen. Sobald wir aus dem Auto gestiegen waren, verflog ihre Wut aufeinander. Wenn mein Vater fuhr und meine Mutter auf dem Beifahrersitz saß, war es nicht viel friedlicher in unserem Auto. Mein Vater blinkte zum Linksabbiegen, und meine Mutter sagte, »Vorsicht, da kommt ein Lastwagen von rechts.« Sie machte ihn auf jede rote Ampel aufmerksam und sagte, er könne ruhig mal in den vierten Gang schalten. Das endete meist auch in Geschrei wie Selber-Augen-im-Kopf-Haben und Nur-helfen-Wollen.

Mein Vater sagte neulich, es müsse am Beifahrersitz liegen. Sobald er sich auf den Beifahrersitz setze, erwache in ihm die Hilfsbereitschaft und das Bedürfnis, meine Mutter über das Verkehrsgeschehen zu informieren. Meiner Mutter hat die Erklärung gefallen, und sie hat gesagt, sie sehe das genauso. Seither fahren meine Eltern miteinander Auto, ohne sich erst anzuschreien und später anzuschweigen. Wenn einer von beiden sagt: »Langsam, langsam, der vor uns bremst«, lächeln sie und sagen: »Ich weiß schon, der Beifahrersitz.« Im Parkhaus versucht meine Mutter, das Auto rückwärts zwischen einen VW-Bus und eine Säule zu bugsieren. Sie muss wieder ein Stück nach vorne rollen, weil sie zu nah an die Säule gekommen ist. Mein Vater schaut zum Seitenfenster und dreht dann den Kopf nach hinten. Er sagt nichts. Meine Mutter sieht angestrengt in den Rückspiegel. Ich knie mich auf den Rücksitz. »Da ist Platz genug, du kannst noch ein Stück reinfahren.« Ich will ihr nur helfen. Mein Vater dreht sich zu mir und schreit: »Deine Mutter hat selber Augen im Kopf.«

Das Fest

Waltraud wird sechzig. Sie wohnt im Haus gegenüber von Tante Hatice und Onkel Ömer, und Tante Hatice bemitleidet sie, weil sie keinen Ehemann mehr hat und ihre drei Kinder über ganz Deutschland verstreut leben. »Ganz alleine sitzt sie wieder vor ihrem Fernseher«, sagt Tante Hatice, wenn sie abends zum Fenster hinaussieht und schaut, was in Waltrauds Wohnzimmer passiert. »Sie hat vier Enkel und sieht sie nur Weihnachten und an Geburtstagen.« Für Tante Hatice gibt es nichts Schlimmeres als ein einsames Leben weit weg von der eigenen Familie. Sie lebt seit vierzig Jahren mit Onkel Ömer in Deutschland, ihre Familien besuchen sie höchstens einmal im Jahr in der Türkei. Zu mir hat sie mal gesagt, dass die Einsamkeit schwer wie ein Stein auf ihrer Seele liege.

Tante Hatice und Onkel Ömer sind zu Waltrauds Geburtstag eingeladen. Den ganzen Mittag sitzt Tante Hatice am Küchenfenster und beobachtet, wie Waltrauds andere Gäste die Straße zuparken. »Es ist eine Schande. Da muss diese Frau sechzig Jahre alt werden, damit sie einmal ihre Familie um sich hat«, sagt sie zu Onkel Ömer, als er in die Küche kommt, um sich ein Käsebrot zu machen. Onkel Ömer ist froh, wenn er nichts mit Waltraud zu tun hat. Im Sommer mäht er ihren Rasen, im Winter schippt er den Schnee vor ihrer Ausfahrt, aber nur weil ihm Tante Hatice ein schlechtes Gewissen macht und sagt: »Die arme Frau hat doch niemanden außer uns.« Onkel Ömer nimmt einen Teller aus dem Schrank. Das

Zweitschlimmste nach Einsamkeit sind für Tante Hatice Krümel auf dem Teppich.

Als Tante Hatice und Onkel Ömer an Waltrauds Tür klingeln, macht ihnen Waltrauds Schwager Klaus auf. Waltraud steht im Wohnzimmer und gießt Kaffee in Tassen. Sie hat vor Aufregung ganz rote Wangen. »Sucht euch einen Platz«, sagt sie und wird noch ein bisschen röter. Auf der Couch ist es voll, auf dem Boden spielen die Kinder. Klaus holt einen Hocker aus der Küche für Tante Hatice. »Mach dir keine Mühe«, sagt Tante Hatice zu Klaus. »Ich liebe es, wenn das Haus voller Leben und Kinderlachen ist. Wir finden schon ein Plätzchen.« Tante Hatice setzt sich auf den Hocker und legt ihren Kuchenteller in den Schoß. »Was macht es schon, wenn es ein bisschen eng ist. Das Wichtigste ist, dass die Familie beisammen ist«, sagt sie.

Onkel Ömer hat einen Platz auf der Couch ergattert. Er sitzt neben Waltrauds 90-jährigem Onkel, der schlecht hört, aber sein Hörgerät nur trägt, wenn er Lust dazu hat. Tante Hatice winkt Onkel Ömer, sie deutet auf eine kleine Pfütze aus Orangensaft auf dem Couchtisch und schüttelt den Kopf. Onkel Ömer tut so, als würde er sich mit Waltrauds Onkel unterhalten. Als Klaus noch mal Kaffee nachschenken will, muss Tante Hatice aufstehen, damit er an ihr vorbei kann. Dabei fallen ein paar Kuchenkrümel von ihrem Teller auf ihren Rock. Tante Hatice lächelt ihn an, klopft die Krümel von ihrem Rock und sagt: »Ich liebe es, wenn so viele liebe Menschen um mich versammelt sind.« Später, als sie wieder an ihrem Küchenfenster steht und beobachtet, wie Waltraud die leeren Gläser wegräumt, sagt sie leise. »Die Ärmste. So viele Menschen, das hat sie einfach überfordert.«

Willkommen in der Türkei

Kaum ist er hereingekommen, da hat er schon im Radio den türkischen Popsender eingestellt, zum Abendessen werden wir in ein türkisches Restaurant nach Charlottenburg fahren, und wegen der Einkäufe erkläre ich ihm auf dem Stadtplan den Weg ans Maybachufer. Auf dem Wochenmarkt dort geht es zu, wie mein Vater denkt, dass es auf Märkten zugehen müsse: Der eine Händler schreit, dass seine Petersilie (Maydanoz, Maydanoz, Maydanoooz) für einen halben Euro (»Oyro«) zu haben ist, gegenüber ruft einer, dass die Tomaten an seinem Stand (»Domates, Domateees«) saftig sind und zwei Euro kosten. Auf dem Heimweg bringt er pralle Tüten mit, voll mit Honigmelonen, Weizengrütze, Okraschoten, Knoblauchwurst und Rosenmarmelade. Wir essen das alles nicht, aber es macht ihm Freude, es zu kaufen. Und es riecht so schön nach Türkei. Ich weiß ja, dass er nicht nach Berlin kommt, um mich zu besuchen. Dass er sich nicht für den tropfenden Wasserhahn in der Küche und das wacklige Regal im Flur interessiert. Mein Vater hat Ferien und verbringt in Kreuzberg seinen Türkei-Urlaub.

Kein Spaß

Onkel Ömer wird alt«, sagt meine Schwester. »Man kann keine Späße mehr mit ihm machen«. Wir beide sitzen auf dem Sofa und essen Erdnussflips. Ich erinnere mich daran, wie wir früher mit Onkel Ömer eine Tüte Erdnussflips um die Wette gegessen haben. Es ging nicht nur darum, schnell zu sein, sondern auch darum, sich so viele Flips wie möglich in den Mund zu stopfen. Erdnussflips zerfallen zum Glück, sobald man sie auf die Zunge legt. Aber je mehr Erdnussflips man im Mund hat, desto trockener wird es auf der Zunge, und man muss aufpassen, dass man sich an der pappigen Masse nicht verschluckt. Meine Schwester hat dann immer den Mund aufgemacht und uns ihre Zunge mit den zerkauten Flips gezeigt. Onkel Ömer hat seine Zunge auch weit herausgestreckt und »aaahhhh« gemacht. Abgesehen von Tante Hatice, fanden das alle sehr lustig. »Wenn ich jetzt Erdnussflips esse, sagt er, ich solle nicht so laut mit der Tüte rascheln«, sagt meine Schwester.

Onkel Ömer muss sich neuerdings immerzu entspannen. Jedenfalls sagt das Tante Hatice. »Euer Onkel muss sich ein wenig ausruhen«. Als wir klein waren, hat er sich mit uns gegen Tante Hatice verbündet. Jetzt sieht es so aus, als habe er sich mit ihr gegen uns verbündet. Er lässt es zu, dass sie Reste von der Bläschenfolie wegwirft, in die er seine Geschenke für seine Verwandten in der Türkei einwickelt. Dabei knallen die Bläschen so schön, wenn man sie zwischen Daumen und Zeigefinger zerdrückt. »Schämt ihr euch nicht, ihr seid doch beide schon erwachsen«, sagt Tante Hatice, und Onkel Ömer sagt nicht, dass man zum Bläschen-Platzenlassen nie zu alt ist. Onkel Ömer hat selber keine Lust mehr auf Späße, er hat auch keine Lust mehr, Tante Hatice zu ärgern. Er füllt beim Kaffeetrinken kein Salz mehr in die Zuckerdose. Er geht nicht mehr heimlich vor die Tür und klingelt, um sich dann rechtzeitig zu verstecken, bevor Tante Hatice zum Öffnen kommt.

»Weißt du noch, wie er uns gezeigt hat, wie man Furzgeräusche unterm Arm machen kann«, fragt meine Schwester. Wenn man die Hand flach in die Achsel legt und den freien Arm schnell auf- und abbewegt, gibt das lustige Geräusche. Wir überlegen uns, ob Tante Hatice schuld daran ist, dass er so langweilig geworden ist. »Vielleicht werden wir auch so, wenn wir alt sind«, sagt meine Schwester.

Das Telefon klingelt. Es ist Tante Hatice. Sie hat sich eine Küchenmaschine gekauft, mit der man die Luft aus Tüten saugen kann. Sie sagt, das Gemüse in den Tüten hält sich besser, wenn man vor dem Einfrieren die Luft heraussaugt. Sie hat Blumenkohl und Kichererbsen gekocht und will sie in die Gefriertruhe legen. Ob wir ein Stündchen zum Helfen kommen können. Meine Schwester hat Besseres zu tun. Ich leider nicht, und so schnell fällt mir auch keine gute Ausrede ein.

Tante Hatice hat schon angefangen, Luft aus Tüten zu saugen, Onkel Ömer sortiert schlechte Kichererbsen aus. »Ich bin heute das Aschenputtel«, sagt er. Tante Hatice schüttelt den Kopf. Als sie aufsteht, um ein paar neue Tüten aus der Küche zu holen, sehe ich eine platt gedrückte Kichererbse auf ihrem Stuhl. Ich schaue Onkel Ömer an, er zwinkert mir zu und sagt: »Und deine Tante ist die Prinzessin auf der Kichererbse.«

Der schönen Frau

Jeden Samstag besucht mein Vater einen Deutschkurs. Aus dem Unterricht bringt er Arbeitsblätter und Lückentexte mit. Neulich hat er eine Tabelle bekommen, mit der er die vier Fälle lernen soll, den Nominativ, den Akkusativ, den Dativ und den Genitiv. In der Tabelle stehen links die Fälle, rechts steht: die schöne Frau, die schöne Frau, der schönen Frau, der schönen Frau. Mein Vater sagt zu mir, er verstehe überhaupt nicht, was das sein solle, und packt sein Lehrbuch und seine Stifte aus seiner Tasche. Ich schlage in unserem türkischen Grammatikbuch nach. Das Gute an dem Buch ist, dass es für Türken gemacht ist, die Deutsch lernen wollen. Es gibt also auch ein Kapitel, in dem die Fälle behandelt werden. Ich lese ihm daraus vor und sage ihm, was Dativ und Akkusativ auf Türkisch heißen. Mein Vater schaut mich an. Dann sagt er: »Ich verstehe das trotzdem nicht.« Wir machen Beispielsätze: »Ich gebe der schönen Frau einen Brief. Wem gebe ich einen Brief? Der Frau. Da braucht man den Dativ«, sage ich. Mein Vater sagt erst nichts. Dann sagt er: »Es heißt: die Frau.« Und dann: »Woher weiß man, dass da der Dativ kommen muss?« Wegen des Verbs ›geben‹, steht in seinem Lehrbuch. Er fragt, ob er das wirklich wissen müsse. »Eigentlich nicht«, sage ich. »Ich muss sowieso gleich los. Angelika wartet.« Ich habe keine Lust auf Dativ und Akkusativ.

Seine Lehrerin hat wohl auch schon die Geduld mit den Fällen verloren. Seit letzter Woche muss mein Vater nun Passivsätze bilden. Ein Satz heißt: »Man hat auf die Ankunft des Ministers zwei Stunden gewartet.« Wir beugen uns beide über das schlecht fotokopierte Blatt und versuchen herauszufinden, wie die Lösung heißt. Das heißt, ich versuche, das Passiv zu bilden. Mein Vater versucht herauszufinden, wie lange er die dünne Mine seines Druckbleistiftes herausdrücken kann, ohne dass sie abbricht. »Du musst jetzt das Passiv bilden«, sagte ich und schiebe das Arbeitsblatt in seine Richtung. »Wie muss ich denn da anfangen?«, fragt mein Vater. Ich verstehe das auch nicht. Soll er mal alleine zusehen. »Angelika wartet auf mich«, sage ich.

Dann kommt meine Schwester nach Hause. »Wie süß, Papa macht Hausaufgaben«, sagt sie. »Wie war's denn in der Schule?« Mein Vater findet das überhaupt nicht witzig. »Was ich hier machen muss, ist schwer. Nicht mal deine Schwester weiß, wie das geht«, sagt er zu ihr. Sie setzt sich zu uns. »Lass mal sehen«, sagt sie. Ihre Deutschnoten waren immer besser als meine. Mein Vater freut sich immer, wenn sie ihm hilft. Jetzt glaubt sie, wir hätten nur auf sie gewartet. »Auf die Ankunft des Ministers musste zwei Stunden gewartet werden«, sagt sie. Mein Vater seufzt erleichtert, schiebt die Mine seines Druckbleistifts vorsichtig zurück und beugt sich über sein Schulheft. »Er muss es selber machen«, sage ich. »Du kannst ihm die Lösung doch nicht ins Heft diktieren.« Mein Vater und meine Schwester tun so, als hätten sie nichts gehört. Der nächste Satz heißt: »In diesem Jahr erwartet man wieder viele Touristen«. Ich ziehe unser türkisches Grammatikbuch zu Rate, meine Schwester beugt sich noch näher zu meinem Vater und flüstert »… werden viele Touristen erwartet …« Als ich mich wütend zu ihnen drehe, sagt mein Vater: »Wolltest du nicht zu Angelika?«

Süße Träume

Meine Mutter hat Tiramisu gemacht. Durch die gläserne Form kann ich den Biskuit sehen, wie er in der weichen, süßen Creme liegt. Die Form ist mit Klarsichtfolie abgedeckt. Selbst wenn ich sie nur an der Ecke anhebe und den Finger in die Creme tauchen würde, könnte jeder sehen, dass jemand genascht hat. Das Tiramisu ist für morgen Abend für die Gäste und soll noch die ganze Nacht im Kühlschrank stehen.

Ich nehme mir einen Erdbeerjoghurt und mache die Kühlschranktür wieder zu. Vor dem Schlafengehen habe ich Lust auf etwas Süßes. Es gibt nur noch Schokolade mit Minzfüllung und ein paar weiche Kekse. Ich mag beides nicht. Ich schaue noch mal in den Kühlschrank. Der Schokopudding, der heute Mittag noch neben dem Erdbeerjoghurt stand, ist weg. Aber das Tiramisu ist noch da. Es sieht immer noch sehr lecker aus. Ich könnte ein bisschen von der Creme probieren. Lieber nicht, denke ich. Ich schiebe die Form zurück und gehe ins Bett.

In der Nacht träume ich, ich hätte die Folie abgezogen, dabei sei sie zusammengeklebt und ich hätte sie nicht mehr glatt bekommen. Als ich neue Folie von der Rolle reißen wollte, gelang es mir immer nur, kleine Stückchen davon abzurupfen. Vor lauter Stress mit der Folie komme ich nicht dazu, ein bisschen vom Tiramisu zu essen.

Als ich am Morgen aufwache, bin ich froh, dass es nur ein Traum war.

Niemand ist zu Hause. Die anderen haben ohne mich gefrühstückt. Meine Mutter hat einen Zettel auf den Tisch gelegt: »Papa hat einen Arzttermin, danach fahren wir einkaufen. Kannst du die Wäsche zusammenlegen?« Meine Mutter hinterlässt immer Zettel, bevor sie das Haus verlässt. Ihr fällt immer etwas ein, was andere in ihrer Abwesenheit erledigen können. Ich habe keine Lust auf die Wäsche und mache mir erst einmal ein Frühstück.

Als ich die Butter aus dem Kühlschrank nehmen will, sehe ich, dass eine Ecke des Tiramisus fehlt. Jemand hat ein kleines Quadrat herausgeschnitten. Der oder die hat nicht einmal versucht, seine Gier zu vertuschen. Und Zweifel, ob man das darf oder nicht, haben er oder sie offenbar auch nicht gehabt.

Dabei weiß bei uns zu Hause jeder, dass von den Desserts für Gäste nicht genascht wird. Ich finde es eine Frechheit, dass irgendjemand im Haus seinem Appetit freien Lauf lässt, während ich mich die ganze Nacht mit klebriger Frischhaltefolie herumärgern muss. Ich nehme mir ein Messer und schneide mir ein größeres Stück Tiramisu heraus.

Ich bin gerade mit der Wäsche fertig, als meine Eltern zurückkommen. »Wer hat von dem Tiramisu gegessen?«, ruft meine Mutter aus der Küche. Ich gehe zu ihr und sage, dass ich mir ein Stück genommen hätte, aber nur, weil schon ein Eck gefehlt habe. »Du weißt, dass ich sonst nicht davon gegessen hätte.« Mein Vater sagt: »Ich habe gestern Abend einen Schokopudding aus dem Kühlschrank geholt und dabei ist mir der Becher in die Form gefallen und hat ein Stück von dem wunderbaren Tiramisu zerdrückt. Das sah so schrecklich aus, dass ich das Stück herausgeschnitten habe, und damit es nicht verdirbt, habe ich es aufgegessen.«

Meine Mutter wirft uns einen eisigen Blick zu.

Altes Denken

In einem kleinen Laden habe ich grüne Olivenölseife gefunden. »Die importieren wir aus der Türkei«, sagt der Verkäufer und wickelt sie in dünnes Papier für mich. Die Seife werde ich meinem Vater schenken. Vor kurzem habe ich ihm von einer Reise sonnengetrocknete Rosinen mitgebracht. Sie kommen auch aus der Türkei. Immer wenn ich etwas sehe, das meine Eltern an ihre Kindheit erinnern könnte, bringe ich es ihnen mit. Meine Schwester hat vor einigen Wochen schwarzen Baumwollstoff mit kleinen blauen Blümchen entdeckt. »Aus so einem Stoff näht sich Großmutter doch ihre Pluderhosen«, sagte sie und ließ sich vier Meter davon abschneiden. »Den kann man doch schön übers Bett drapieren«, sagt sie. Wir kaufen beschlagene Messingschalen für unsere Eltern und gehäkelte Sofakissen. Auf dem Flohmarkt bot jetzt jemand einen abgetretenen Orientteppich an, unser Großvater hatte so einen. Aber der Teppich war zu teuer.

Unsere Eltern sollen sich zu Hause fühlen in Deutschland. Sie sollen ihre Erinnerungen haben und sehen, dass es Dinge, die es in ihrer Kindheit gab, auch hier noch gibt. Sie sollen den Orient in ihren Alltag tragen. Und wenn meine Schwester und ich irgendwo frische Walnüsse oder Aprikosenkompott entdecken und sie für unsere Eltern kaufen, freuen sie sich. Meine Mutter sagt dann: »Ach, schau mal, Aprikosenkompott habe ich geliebt als Kind. Das habe ich mir morgens aufs Brot gemacht. Wir hatten ja damals kein Nutella so wie ihr.« Mein Vater legt die Nüsse in eine Schale und sagt, die wolle er sich für besondere Gelegenheiten aufheben. So machen meine Schwester und ich unsere Eltern für einen kurzen Moment sehr, sehr glücklich.

Tante Hatice und Onkel Ömer wissen inzwischen auch, womit sie unseren Eltern eine Freude machen können. Mutters Freundin Dagmar und auch meine Freundin Angelika wissen, wo man frische Datteln oder gutes Henna kaufen kann. Meine Mutter bedankt sich jedes Mal herzlich, ich glaube, wenn sie uns erzählt, wie ihre Mutter ihr das Haar mit Henna gefärbt hat, muss sie sich Tränen aus den Augen wischen. Mein Vater presst die Lippen zusammen, und er reißt sich zusammen, damit man ihm die Rührung nicht ansieht. Er räuspert sich und geht hinunter in seine Werkstatt. Er muss dann für sich sein. Niemand soll sehen, dass er wehmütig wird.

Beim Einkaufen habe ich etwas ganz Besonderes entdeckt. Eine handbestickte Tischdecke. Sie ist rot und schwarz und wunderschön. Sie sieht genauso aus wie jene, die meine Mutter zur Hochzeit bekommen hat. Meine Eltern werden begeistert sein, die Hochzeitsdecke muss bei einem Umzug verschwunden sein, jedenfalls habe ich sie Ewigkeiten nicht mehr gesehen. Ich breite sie im Wohnzimmer aus. Meine Mutter räuspert sich, lächelt und fragt: »Wo hast du die denn gefunden?« Mein Vater legt die Hand vor die Augen. Vielleicht will er nicht, dass ich seine Tränen sehe. »Ich halte es nicht mehr aus«, sagt er. Aber er weint gar nicht. »Was müsst ihr beide uns eigentlich permanent mit diesem orientalischen Kram zuschütten?« Er geht zur Tür, doch vorher dreht er sich noch einmal um. »Ist euch schon aufgefallen, dass in unserem Wohnzimmer seit Jahren weiße Designermöbel stehen?«

Topfmuseum

Niemals wird es mir und meiner Familie an Töpfen und an Sofas mangeln. Wenn es etwas im Überfluss gibt, dann Dinge zum Drinkochen und zum Draufsitzen. Die Sofas sind die Früchte der Arbeit meines Vaters, der Polsterstoffe liebt und Schaumstoff. Der Begeisterung meiner Mutter für Dampfdrucktöpfe, Bräter, Kasserollen und Frittiertöpfe ist das schwäbische Topfmuseum in ihrer Speisekammer zu verdanken. Auf wundersame Weise vermehren sich die Töpfe und finden dank des Postwesens ihren Weg nach Berlin. Mit zwei Dampfdrucktöpfen, einem Spargeltopf und zwei schweren Bratpfannen bin ich auf dem besten Weg, eine Zweigstelle des Topfmuseums zu eröffnen. Man könnte die Sammlung erweitern und noch ein paar Schränke kaufen. Die mit dem schönsten Sandwichboden und dem handlichsten Griff in Vitrinen ausstellen, Eintritt verlangen und Postkarten drucken lassen, Führungen veranstalten und Vorträge zum Thema »Töpfe gestern, heute und morgen« halten. Wenn in meiner Wohnung nicht schon ein Schlafsofa, zwei Sessel und ein schwarzes Ledersofa Platz brauchten.

Wetten, dass ...?

Meine Mutter hat sich die Haare schneiden lassen. Sie waren schulterlang, jetzt hat sie Stoppeln auf dem Kopf. Die Haare sind so kurz, dass sie abstehen, und wenn man mit der flachen Hand darüberfährt, fühlen sie sich an wie Borsten. Mir gefällt das gut. Meine Schwester sagt, man könne sich daran gewöhnen. Mein Vater hat gar nichts gesagt und ihr einen Strauß roter Rosen geschenkt.

»Man muss vorsichtig sein, wenn sich Frauen plötzlich die Haare abschneiden lassen«, sagt Tante Hatice. Ich verstehe nicht, was sie meint. »Vielleicht hatte sie einfach keine Lust mehr auf lange Haare«, sage ich. Tante Hatice sagt, ich verstünde nichts von ehelicher Kommunikation. »Was glaubst du, warum ihr dein Vater auf einmal Rosen gekauft hat?« Mein Vater kauft jeden Samstag Blumen auf dem Markt, und manchmal sind es eben Rosen. Ich weiß nicht, was sich Tante Hatice denkt. »Rosen, verstehst du denn nicht?«, fragt sie. »Rote Rosen bedeuten ›Ich liebe dich‹. Das sagt er ihr doch nicht ohne Grund.«

Tante Hatice hat meiner Schwester und mir ausführlich erklärt, was gerade zwischen meinen Eltern los ist. Wir wollten es nicht wissen, aber daran hat sich Tante Hatice noch nie gestört. Ihrer Meinung nach hat sich meine Mutter verliebt und will mit kürzeren Haaren jünger und sportlicher für ihren Geliebten aussehen. Um ihre Liebe zurückzuerobern, hat ihr mein Vater rote Rosen gekauft. »Vielleicht hat er ihr Rosen gekauft, weil er sie mit kurzen Haaren noch toller findet als vorher«, sagt meine Schwester. Tante Hatice lächelt, als wolle sie sagen, ihr beide habt doch keine Ahnung. Sie hat offensichtlich viel Erfahrung mit abgeschnittenen Haaren und fremden Männern.

Tante Hatice hat noch mehr Beweise. »Vorgestern hat eure Mutter ganz versonnen aus dem Fenster geschaut.« Und: »Am Mittwoch hat sie mich nicht zurückgerufen, obwohl ich ihr zweimal auf das Band gesprochen habe.« Meine Schwester sagt, Tante Hatice habe Recht. Das seien alles ganz eindeutige Zeichen für eine Affäre mit einem jüngeren Mann. Dann geht sie raus und zeigt Tante Hatice den Vogel. Ich gehe ihr nach.

Meine Mutter ist nicht da. Neben dem Telefon liegt ein Zettel: »Musste schnell noch mal weg, wartet nicht mit dem Essen auf mich, Mama.« Ich knülle den Zettel zusammen und stecke ihn in meine Hosentasche. Den braucht Tante Hatice jetzt nicht zu sehen. Mein Blick fällt auf die Rosen. Mein Vater bringt oft Blumen mit vom Einkaufen, aber ich kann mich nicht daran erinnern, wann es zuletzt ein so großer Strauß roter Rosen war. Dann fällt mir ein, dass sich meine Mutter heute Nachmittag meinen neuen Lippenstift ausgeliehen hat.

Es ist halb elf, als meine Mutter zurückkommt. Tante Hatice ist längst nach Hause gegangen und hat uns triumphierend in die Augen geschaut, als sie uns zum Abschied winkte. »Wo warst du denn?«, frage ich meine Mutter. Meine Stimme klingt gereizt. »Weg«, sagt meine Mutter und zwinkert mir zu. Eigentlich kann ich sie doch jetzt fragen, denke ich. »Für wen hast du dir die Haare abschneiden lassen?« Meine Mutter schaut mich überrascht an. Dann grinst sie. »Ich weiß schon, was du denkst. Nein, es ist kein anderer Mann. Ich habe eine Wette mit deinem Vater verloren.«

Osman kommt

Meine Schwester hat einen neuen Freund. Der heißt Jakob. Mein Vater nennt ihn aber Osman. Als meine Mutter schwanger mit mir war, kündigte mein Vater an, das Kind Osman zu nennen, wenn es ein Junge würde. Als meine Mutter Jahre später meine Schwester erwartete, machte er sich wieder Hoffnungen. Meine Mutter sagt heute noch, sie sei froh, dass wir beide Mädchen geworden sind. Sie findet Osman unmöglich.

Noch bis vor kurzem wollte uns unser Vater einen kleinen Hund kaufen, aber meine Schwester und ich wollten nie einen Hund haben. Irgendwie haben wir geahnt, dass wir ihn am Ende hätten Osman nennen müssen.

Mein Vater nennt alle Freunde meiner Schwester Osman. Er hält es nicht einmal geheim. Wenn Jakob am Telefon ist, ruft er nach meiner Schwester, und wenn er ihr den Hörer reicht, sagt er: »Osman ist dran.« »Jakob, Papa. Er heißt Jakob«, sagt meine Schwester dann jedes Mal. »Wie soll ich mir alle paar Monate einen neuen Namen merken«, fragt mein Vater. »Seit letztem Sommer hast du uns vier Männer vorgestellt und uns jedes Mal versichert, der solle es nun sein.« Mein Vater sagt auch, er sei schon lange in einem Alter, in dem man sich an plötzliche Veränderungen nur noch schlecht gewöhnen kann. »Ich bin ein alter Mann.«

Jakob soll zum Essen kommen. Meine Schwester ist aufgeregt. »Jakob ist ein ganz Besonderer«, sagt sie zu mir. »Mit

Jakob wird alles ganz anders.« Ich habe das schon häufiger gehört. Aber ihr ist es ernst. Beim Essen darf nichts schief gehen. Das Letzte, was meine Schwester will, ist, dass mein Vater am Tisch sagt: »Nehmen Sie doch noch ein bisschen vom Salat, Osman« oder »Kennen Sie rote Linsensuppe, Osman?« Meine Schwester würde meinem Vater sogar zutrauen, dass er zu Jakob sagt, vor sechs Wochen habe hier noch der letzte Freund meiner Schwester gesessen und der habe sich an dem Namen Osman nicht so gestört wie er. »Dann kann ich Jakob vergessen. So was findet er überhaupt nicht lustig«, sagt meine Schwester.

Offenbar hat sie ziemlich auf unseren Vater eingeredet. Während des Kochens sagt er kein einziges Mal Osman. Aber auch nicht Jakob. »Isst dein Freund auch Zwiebeln«, fragt er und schält noch eine dritte große Zwiebel. Dann fragt er: »Wie scharf darf denn die Suppe für deinen Neuen sein?« Meine Schwester schaut ihn genervt an, und mein Vater wendet sich schnell wieder den Töpfen zu. »Man wird ja wohl noch fragen dürfen.«

Jakob hat sich zum Essen hübsch gemacht und meinen Eltern Marzipanpralinen mitgebracht. Meine Schwester hat ihn gut instruiert. Marzipanpralinen mag mein Vater besonders, und gut angezogene Leute auch. Meine Mutter serviert das Essen, meine Schwester redet und redet. Mein Vater hat gar keine Gelegenheit, irgendetwas Verkehrtes zu Jakob zu sagen. Nach dem Essen isst mein Vater sechs Pralinen, lehnt sich zurück und sagt: »Osman, diese Pralinen sind sehr, sehr gut.« Jakob scheint nichts zu merken. Mein Vater lächelt und hält ihm die offene Pralinenschachtel hin. Meine Schwester hält die Luft an. »Ich heiße Jakob«, sagt Jakob. »Ja richtig«, sagt mein Vater. »Entschuldigen Sie, Osman ist türkisch und heißt ›mein lieber Sohn‹.«

Grüße vom Vater

Dein Vater lässt dir Grüße ausrichten«, sagt meine Mutter am Telefon, kurz bevor sie auflegt. Es hätte mich gewundert, wenn das nicht so gewesen wäre. Mein Vater lässt mir immer Grüße ausrichten, wenn ich weg bin und mit meiner Mutter telefoniere. Das ist ihm lieber, als mich selber anzurufen und sich zu erkundigen, wie es mir geht. Wenn ich zu Hause anrufe, geht fast immer meine Mutter ran. Hebt jemand anderes den Hörer ab, heißt das, dass meine Mutter entweder nicht zu Hause oder so krank ist, dass sie nicht ans Telefon gehen kann.

Meine Schwester geht grundsätzlich nicht ans Telefon, nur an ihr Handy. Und mein Vater sagt, er könne Telefonieren nicht ausstehen. Außerdem schädige ein Telefon langfristig das Gehör. Darum ist ihm viel daran gelegen, jedes Telefonat so knapp wie möglich zu halten. »Deine Mutter ist nicht da. Geht es dir gut? Ich richte ihr aus, dass du angerufen hast. Sie ruft dich zurück. Tschühüss.«

Man muss schnell sein, wenn man ihm etwas sagen will, bevor er auflegt. Wenn meine Mutter und ich telefonieren, sitzt er jedes Mal dabei und kommentiert unser Gespräch. »Jetzt könntet ihr mal so langsam zum Ende kommen, oder?«, fragt er. Meine Mutter ignoriert seine Bemerkung und geht mit dem Telefon in ein anderes Zimmer, damit wir in Ruhe weitersprechen können. Nach einer halben Stunde sagt sie: »Ich glaube, jetzt ist ihm langweilig geworden. Warte mal kurz.« Mein

Vater ist ihr nachgelaufen. Sie wendet sich vom Hörer weg und sagt etwas zu ihm, wahrscheinlich, dass er nur bleiben darf, wenn er nicht stört. Ich höre ihn irgendetwas brummeln, meine Mutter lacht. Das geht eine ganze Weile, und ich muss warten, bis die beiden fertig sind.

»Dein Vater sagt, für so ein langes Telefonat hätte es sich fast gelohnt, für einen Abend nach Hause zu kommen«, sagt meine Mutter. Sie kichert. Ich erzähle ihr von meinen Zahnschmerzen und dass ich Minze in einen Blumentopf gepflanzt habe. Sie erzählt mir, dass sie Sonnenblumen im Garten gepflanzt hat, am Mittwoch zum Hals-Nasen-Ohren-Arzt muss und der Brief, den ich ihr vor einer Woche geschickt hatte, heute wieder nicht in der Post war. Mein Vater murmelt wieder etwas. Meine Mutter, seine Übermittlerin, leitet seine Worte weiter. »Dein Vater vermutet, dass der Brief wahrscheinlich verloren gegangen ist. Er fragt, warum du ihn nicht als Einschreiben verschickt hast.« Ich frage mich, warum sie mir diesen Quatsch auch noch ausrichtet. »Sag ihm, dass ich den Brief als Einschreiben verschickt habe. Und sag ihm, er soll wieder ins Wohnzimmer gehen.«

Meine Mutter muss die Hand über die Sprechmuschel gelegt haben, ich höre ihre Stimme nur dumpf. Dann sagt mein Vater wieder etwas. »Hallo, könnt ihr euer Gespräch nicht fünf Minuten verschieben?«, rufe ich. Niemand hört mich. »Er hat versprochen, ruhig zu sein«, sagt meine Mutter. »Wir legen besser auf, ich rufe dich an, wenn du mehr Ruhe hast«, sage ich. Es ist unmöglich, ein Gespräch mit meiner Mutter zu führen, wenn mein Vater neben ihr sitzt. »Ja, das ist eine gute Idee. Willst du noch schnell mit deinem Vater sprechen, bevor wir Schluss machen?« Ich höre ihn am anderen Ende protestieren. Dann sagt meine Mutter: »Dein Vater lässt dir Grüße ausrichten.«

Der Besuch

Es hat sich Besuch aus der Türkei angemeldet. Ein Cousin will kommen, mit seiner Frau. Meine Eltern sind aufgeregt. Zum ersten Mal seit mehr als dreißig Jahren kommen Verwandte zu uns nach Deutschland. Meine Eltern überlegen, wie sie die Gäste empfangen sollen, wo sie schlafen sollen, wie viele Tage die beiden bei uns und wie viele Tage bei Onkel Ömer und Tante Hatice bleiben sollen.

Onkel Ömer und Tante Hatice sind noch aufgeregter als meine Eltern. Sie haben kein Gästebett, das heißt, sie müssten dem Besuch ihr Schlafzimmer anbieten, aber Onkel Ömer bekommt immer Rückenschmerzen, wenn er auf dem Wohnzimmersofa schlafen muss. Mein Vater sagt, die Gäste könnten ja auf Matratzen auf dem Boden schlafen. »Die kennen das doch gar nicht anders. Ich habe zum ersten Mal in Deutschland in einem richtigen Bett geschlafen.«

Solche Witze darf man mit Tante Hatice nicht machen. »Das kann ich mir nicht vorstellen. In der Türkei gibt es doch auch Betten«, sagt sie prompt und schaut Onkel Ömer fragend an. Meine Schwester lacht, Onkel Ömer bleibt ernst. Er schlägt vor, dass die Gäste bei meinen Eltern schlafen. Tante Hatice passt das nicht. »Sollen sie zurückfahren und den anderen erzählen, dass Hatice und Ömer sie keine einzige Nacht in ihrem Haus beherbergt haben? Was für eine Schande.« Onkel Ömer sagt, ihm sei ein bisschen Schande lieber als vierzehn Tage Rückenschmerzen. So geht das seit einem Monat.

Der Besuch kommt erst im Juli. Tante Hatice hat Bettwäsche gekauft. Für die Gäste. »Wir haben genug Bettwäsche«, sagt meine Mutter, als Tante Hatice Spannbettlaken und Kissenbezüge auspackt. »Du kannst die beiden doch nicht in eure alte Bettwäsche stecken. Sollen sie in die Türkei zurückfliegen und sagen, ›wir haben in Deutschland in alter Bettwäsche geschlafen‹?« Sie hat die neuen Laken zu den beiden neuen Pyjamas und den Handtüchern gelegt. »Meinst du, es gibt in der Türkei keine Schlafanzüge«, fragt meine Schwester und faltet eine dunkelblaue Schlafanzughose auseinander.

Tante Hatice ist es gleich, ob es in der Türkei Schlafanzüge gibt oder nicht. Sie sagt, wenn die Gäste schon bei ihnen übernachten könnten, dann wolle sie doch alles Mögliche tun, damit sie einen guten Eindruck von Deutschland bekämen. Wenn meine Mutter nicht sehr deutlich gesagt hätte, dass sich Tante Hatice auf die Vorbereitungen in ihrem eigenen Haus konzentrieren sollte, hätte sie nicht nur ihre, sondern auch unsere Lebensmittelvorräte aufgestockt. Sie will wissen, wie viele Autos wir brauchen, wenn wir alle zusammen einen Ausflug machen, und ob sie oder wir die Wäsche der Gäste waschen sollen.

Meine Schwester sagt, es wundere sie, dass Tante Hatice noch nicht angeboten hat, mit den Gästen bei uns zu übernachten. Neben den Bettlaken, den Handtüchern und den Schlafanzügen liegen jetzt zwei Bademäntel und eine elektrische Heizdecke. Ich frage meine Eltern, was Tante Hatice bis Juli noch alles kaufen will. »Nein, die Sachen habe ich gekauft«, sagt meine Mutter. »Die Gäste sollen nicht in die Türkei zurückfahren und überall erzählen, dass Hatice Laken, Tücher und Pyjamas gekauft hat und wir nur unser altes Ehebett hingestellt haben.«

blue notes

die Reihe mit den spannenden Zwischentönen

im Konzert der Bücher

www.edition-ebersbach.de

Unda Hörner
Über den Dächern der Stadt
Balkongeschichten
ISBN 3-938740-12-4

Erzählungen rund um den Balkon mal mit heiterem und mal mit tragischem Ausgang von Marcel Proust, Colette, Katherine Mansfield, Axel Hacke, Keto von Waberer, Jan Weiler u. a.

Jahre sind nur Kleider
Geschichten vom Älterwerden
Hg. von Manuela Reichart
ISBN 3-934703-79-8

Acht prominente Autorinnen – Djuna Barnes, Elisabeth Bowen, Keto von Waberer u. a. – schreiben über das Alter. »Viel Tröstliches kann die ›reife Frau‹ hier nachlesen.«
Badisches Tagblatt

Keto von Waberer
**Vom Glück eine
Leberwurst zu lieben**
und andere kulinarische Glossen
ISBN 3-938740-26-4

In ihrem kleinen kulinarischen Brevier erzählt uns die Autorin von der erotischen Wirkung bestimmter Süßspeisen, vom Futterneid bis zur explodierenden Weihnachtsgans und anderen Katastrophen. Der Sogwirkung ihrer Geschichten kann man sich nicht entziehen, sie machen süchtig.